加缪传

何艳芬◎著

时代文艺出版社

图书在版编目（CIP）数据

加缪传 / 何艳芬著. —长春：时代文艺出版社，2012.4（2021.5重印）

ISBN 978-7-5387-3901-5

Ⅰ.①加… Ⅱ.①何… Ⅲ.①加缪，A.（1913～1960）－传记 Ⅳ.①B565.59

中国版本图书馆CIP数据核字（2012）第017698号

出 品 人　陈　琛
责任编辑　徐　薇
装帧设计　孙　利
排版制作　隋淑凤

加缪传

何艳芬 著

出版发行 / 时代文艺出版社

地址 / 长春市福祉大路5788号　龙腾国际大厦A座15层　邮编 / 130118
总编办 / 0431-81629751　发行部 / 0431-81629755
官方微博 / weibo.com / tlapress　天猫旗舰店 / sdwycbsgf.tmall.com
印刷 / 保定市铭泰达印刷有限公司
开本 / 710mm×1000mm　1 / 16　字数 / 140千字　印张 / 12
版次 / 2013年1月第1版　印次 / 2021年5月第3次印刷　定价 / 39.80元

授奖辞

Award-winning Remarks

由于他重要的著作，在这著作中他以明察而热切的眼光照亮了我们这时代人类良心的种种问题。

——诺贝尔奖委员会

目录
Contents

　　加缪说："在我作品的核心，总有一个不灭的太阳。"

　　就像他的作品，加缪让自己每天都生猛地投入到真实的生活中，他无时无刻不在捍卫着自己的生命自由。尽管他的眼里含着泪水，尽管他的世界充满着荒谬，他仍然微笑着拥抱一切，他说："如果能够拥抱一切，那拥抱得笨拙又有什么关系？"在他真实的生命中，他始终无法抑制，要把世界的巨大激情掌握在手中。

　　毫无疑问，他要进入生活中，甚至是生存本身。与生俱来的贫困和阿尔及尔天空永远灿烂的阳光，成了他汲取创作的勇气与力量的源泉，让他的作品，始终饱含着永恒的爱与激情。

　　加缪在《反与正》的序言中写道："对我来说，从来，贫困都不是一种不幸，有巨大的光明，在那里散播着瑰宝。就连我的反叛，也被照耀得辉煌灿烂。我想我可以底气十足地指出，这反叛几乎始终是为了大家而进行的，是为了使大家的生活能够奔向光明。不能断言，我的心灵生来就适于产生这样一类的爱。不过环境帮助了我。为了纠正天生的无动于衷，我置身于贫困与阳光之间……或许我正是这样走进了如今的事业，怀着单纯的愿望，踩上一条钢丝，在上面步履蹒跚地前进。"

没有对生产生绝望，生活中的爱就无从体现。加缪用他活生生的生命，实践着自己的哲学，哲学不是他的一门学术，而是充盈的生命热度及鲜活的生命本身。

一直以来，加缪就这样真诚地渴求光与温暖。他肯定地告诉我们："如果不加入到树叶与阳光的嬉戏中去，我会是什么？我又能做什么？"

反观我们自身，在日复一日平凡的生活中，我们迈着相同的步子，逐渐变老、变丑，甚至面目可憎，假如不在阳光下微笑，那么，黑暗很快就会来吞没我们的脸，让我们难以抑制漫长的寒冬与孤寂，直到灵魂的最后熄灭。

在加缪的《局外人》中，并没有具体讨论什么道理，但他巧妙地把隐藏在凡人内心的想法，白描式地呈现出来了。主人公默尔索杀人是因为太阳。仅仅因为当时太阳很炽烈，默尔索突然感到很烦躁，一种难以言喻的烦躁。他杀人，不是因为他有多么的穷凶极恶，也不是因为他有种族歧视，而只是因为这个简单得让人难以相信的理由。加缪要呈现给世界的，大概就是这种荒谬。

加缪是真诚的。如，当你记忆起真正的友谊，可能会记得：在某天，和某位朋友聊天，而你们之间的态度，就像和相爱的人做爱一样充满信任，在你们的眼中，闪耀着志同道合的光芒。又或者，当你满怀热情地讲到一个话题时，朋友却把头偏过去，一点儿反应都不给。这种真诚，加缪运用类似的这种扫兴和冷漠，当成一件很大的事情来讲，让读者感到一股逐渐弥散的触动。

在《西西弗斯的神话》里，加缪给出了一个超人式的处理办法：去死，或不去死，去活，或不去活，并不重要；重要的是，有什么值得我们为它死去，以及有什么，值得我们活下去。就如克瑞洛夫（陀思妥耶夫斯基笔下的人物）说的：我寻找着我的神性。

其实，这个神性就是自由，就是独立。加缪使他笔下的主人公西西弗斯，成为一名勇敢的斗士，在大山的脚下，他成为主宰自己的主人，他完全实现了一种自主的自由意志，他怀抱的希望，是真实的。他把荒谬、悲惨的命运，有力地转化为自己的勇猛前行，并使自我，掌握自己的命运。

在1934年，加缪与"放荡"的西蒙娜结婚，加缪上班前，曾在美丽妻子的枕边放过这样的字条：我将牵着女孩的小手，让她坐在我的身边。坐下后，静静地看着我。随着她的眼神，我们将慢慢驶入陌生的大海，驶入辛巴达经过的大海。加缪的一生，与当时的政治密切相关，他在《反与正》里说过："我凭借我所有的行动与世界相连，用我的怜悯和感激与人类沟通。在这世界的正反两面之间，我不愿选择……政治和人类的命运，是由没有理想和没有伟大特征的人造就的。伟大的人，从事的不是政治。"

　　作为一个一生都在反叛、在战斗的大作家，虽然他因车祸，离开这个世界已经51年了，但他的思想，依然在黑夜的长空中闪烁着不灭的光辉，而他的信念依旧："为了改变天生的无动于衷的立场，我曾置身于苦难与阳光之间，苦难使我不相信阳光之下一切都是美好的，而在历史中，阳光则告诉我，历史并非一切。"

第一章　苦难的童年

1. 战争受害人

所有伟大的事迹和伟大的思想，都有荒谬的开头。

——《局外人》

1906年的一天，一个长着一双迷人蓝眼睛，满头褐色头发，身高一米八左右的俊朗年轻人，应征入伍，兵役为期两年。这个年轻人叫吕西安·奥古斯特，在他入伍后，马上就被编入了一个远征团。奥古斯特入伍的第二年，正好是法国侵略摩洛哥时期。

在20世纪初期，法国想进一步扩大殖民地范围，然而在摩洛哥，马上就遭到了德国皇帝威廉二世的极力反对，后者一直支持执政的苏丹。

作为一名普普通通的二等兵，吕西安·奥古斯特被派往了朱阿夫第一团，1906年8月，奥古斯特接受了一段时间的训练后，就直接参加了1907年2月在卡萨布兰卡的军事行动。

后来，奥古斯特不知道何种原因，离开了登陆部队。不过，他离开时获得了一张品行优秀的证书。奥古斯特被评为了"优秀射手"。朱阿夫兵团的士兵，总是穿着灯笼裤，戴一顶小圆帽，让人联想到北非人的服饰。这个兵团，是法国军队中一支十分优秀的部队。

两年的兵役结束后，吕西安·奥古斯特成了一名后备役军人，在国家需要时，随时要回到战场。（当第一次世界大战爆发时，奥古斯特再一次被召回军队）。当这次战争结束后，他决定不回老家谢拉卡谋生，而是在卡特莉娜·桑代斯和她的家人的帮助下找到一份工作。

1909年11月13日，奥古斯特和卡特莉娜·桑代斯结了婚。

在里可姆公司里工作，奥古斯特学会了书写和阅读。里可姆公司是家大型的葡萄酒出口公司，公司在全国进行葡萄酒收购，然后进行出口。1912年年初，奥古斯特作为公司的代表，在葡萄酒酿造期间，去全国各地酿造商那里进行巡视，然后严格监督装船。

我们可以从奥古斯特写给雇主的报告中，发现较为造作、又显得高雅的书面措辞，可以看出奥古斯特由于找到了书面表达的方式，表现出一种无法抑制的快乐。他的妻子卡特莉娜不识字，因此无法在结婚证上签名。

1910年1月20日，奥古斯特和卡特莉娜的第一个儿子出生了，取名吕西安。他们搬到了邻近的里昂大街。1913年，葡萄收获的季节刚刚过去后，里可姆公司的老板将奥古斯特一家——奥古斯特、再次怀孕的妻子以及他们的大儿子吕西安，派往一个名叫宪兵帽的葡萄园，在波尼地区的孟多维附近，这是一个富裕的城市，同时，波尼也是法属阿尔及利亚最重要的一个港口。

波尼今天被称为安那巴，它位于阿尔及利亚的东部，临近突尼斯边境。孟多维市位于波尼以南的13公里。为了纪念拿破仑1796年在意大利皮埃蒙特地区打败皮埃蒙特人而命名为孟多维市。

奥古斯特一家人来到这个新地方不久，在1913年11月7日的深夜两点，妻子卡特莉娜便生下第二个孩子，取名阿尔贝·加缪。

第二天一大早，加缪的父亲奥古斯特便在孟多维市的政府报了孩子的出生。根据填写的表格的资料可以得知，奥古斯特当时的年龄为28岁，职业为管酒窖。他的妻子卡特莉娜，31岁，职业那一栏填的是"家庭主妇"。

报出生时，证人有两人：萨尔瓦多·佛朗多（办公室职员）和让·皮罗（管酒窖工）。出生地那一栏填的是圣·保尔农庄。这个农庄在圣·保尔村里，它地处孟多维市南部8公里处。按当时那一片地区大多数房子的样式，加缪是出生在一幢低矮的长房子里，外墙涂了石灰，屋顶盖着瓦片。

1914年7月4日，当时加缪还不满7个月。奥古斯特突然接到了通知，政府要求他回到朱阿夫军团，继续服役17天。尽管马上就到了秋天葡萄收获的季节，但是形势不容奥古斯特延误。

眼看大战临近，这颗毁掉法国一代人的重磅炸弹，很快就要引爆。6月28日，就是在奥古斯特给他老板写信告知重新入伍的前一星期，在萨拉热窝，弗朗茨·斐迪南大公遇刺身亡。7月28日，奥匈帝国正式向塞尔维亚宣战。

到了8月3日，德国在向俄国宣战后，也对法国宣战。从8月份，德国开始大肆入侵比利时和法国北部。这样，战争离加缪的一家更加近了。

奥古斯特回到战场，他被分到了朱阿夫第一团54连。其时，妻子卡特莉娜不得不带着两个幼小的儿子，回到阿尔及尔。

法国需要朱阿夫军团这支精良的部队，因为德国军队的猛烈推进，已经使得法国处于极大的危难之中。此时，巴黎告急，奥古斯特在1914年9月4日，给妻子写了一封报平安的信，信上告诉她，自己正在孟特勒伊。

但是，此时形势十分恶劣，德国军队步步进逼，离巴黎只有几公里了。

一天深夜，法国军队总司令霞飞元帅下令，在次日上午对德军进行反击，以阻止德军向首都逼近。8月24日马恩河战役打响。法国大军大举反击，巴黎的所有出租车，马上被动员起来，源源不断地向前线运送士兵与精良的装备。

这时，奥古斯特头上中了炮弹片，受了重伤，被紧急送往后方医院。

此时，妻子卡特莉娜和两个儿子住在里昂大街母亲的家里。在丈夫受伤住院期间，她收到过丈夫从圣·比尤克医院寄来的明信片。

这张明信片上后来由加缪保存，是一所世俗女子学校（圣·比尤克医院战前的前身），人们可以看到女孩子穿着"美好时期"的裙子，无忧无虑地在院子里玩。奥古斯特在他住院的病房窗口，打了一个叉。在信中，他说他好多了，并询问了两个儿子的情况。

然而，不久后，妻子卡特莉娜就收到了丈夫的死讯，在1914年10月11日，奥古斯特因伤势过重不治身亡。当局从医院寄来了一小块从丈夫头颅中取出的炮弹片，请遗孀保留。

丈夫的死讯还有这块从丈夫头颅中取出的炮弹片，对妻子卡特莉娜来说打击实在太大了。她的精神受到了严重的刺激，接着患上了脑膜炎。此后，她的口头表达能力受到了损害，甚至有些失聪。她能用正常的语速说话，但她的语音常常不自觉地震颤并且走调，她的心变得无比脆弱，面对生人时非常胆怯，因此，她常常沉默不语，而她的两个儿子正在慢慢长大。

卡特莉娜把丈夫的十字军奖章，小心翼翼地装进金边的镜框里，并一直挂在里昂大街的房间里。她从来没有机会去看一下丈夫的墓地，丈夫被埋葬在圣·比尤克市圣米歇尔军人墓地的第一排，这对她来说，实在太遥远了。

2. 在贫困中成长

> "对我来说，贫困从来不是一种不幸：光明在那里散播着瑰宝。连我的反叛也被照耀得光辉灿烂。"
>
> ——《反与正》

阿尔及尔整个城市，坐落在半圆形的港湾边上，道路依坡而建，盘旋着通往山上，人们居住的白色房子，就修建在道路两旁。

人们到达阿尔及尔后，就会居高临下，把城市和它的港口，比作古罗马或古希腊的露天剧场。而阿尔贝·加缪的大半生就是在这里度过的。

当人们远眺时，从海上向左看，是喧闹、拥挤不堪的工人居住区，那里就是孕育着加缪成长的贝尔库。从海的右边看去，是人口密集的卡斯巴街区。再过去，就是乌埃侨民居住区。加缪上的中学，就在乌埃侨民区的边上。

在阿尔及尔城市的中央，就是总督府（后来加缪作为业余导演，经常使用里面的一个大礼堂）。加缪上的大学，以及经常变换的多个临时住处，都是基本上围绕在米歇勒大街及米歇勒大街附近。

再由中央往上看，是山顶的一片住宅区，那儿住着加缪的老师和他那些家境富裕的同学与朋友。加缪曾和第一任妻子在那住过几年。也是在那儿，他与许多好朋友一起进行了各种文化活动。再往上，就是可以俯视整个城市的山顶，加缪曾经希望在他事业达到顶峰时，在那儿隐居。

是贝尔库培育了他，这是个贫民区。在这里居住的，多数是一些靠给港口附近小工厂打工的工人，他们以很少的工资艰难度日。里面还住着一些靠小作坊谋生，或自立门户的手艺人。同时，一些地位低下的公务员、小商贩、小职员也都住在那里。

城市的里昂大街，把贝尔库区与另一个外族人聚居区分开。据说，在贝尔库的大部分欧洲人都是来自法国，而城市另一头的乌埃侨民居住区，则以西班牙人、意大利人、犹太人居多。若真是如此，那么，桑代斯一家（加缪母亲的娘家，西班牙人）住在贝尔库区，就成了一个特例。不过，在当时贝尔库学校的学生中，他们的原籍绝大多数都不是法国。

加缪童年时，与母亲、哥哥、外祖母及舅舅埃迪纳住在一起。对他来说，贫穷是他生命里程中一个让人容易知道的部分，因为贫穷在当时是一种十分普遍的情景。

自从卡特莉娜带着两个儿子，投靠自己在阿尔及尔的母亲，家庭的悲剧，就这样开始上演了。当时的卡特莉娜，身无分文，说话表达又有些困难，缺乏自我保护能力，而她的母亲，又是一个粗暴、严厉、专横的女人。因此，卡特莉娜常常表现出低眉顺首，沉默寡言，并且只能屈从于一个比她厉害的女人。加上卡特莉娜的两个弟弟（埃迪纳和约瑟夫），至此，他们家里就一共有了6口人。

6个人挤在一套带厨房的三居室里。其中一间当饭厅，同时又是埃迪纳和约瑟夫的卧室，这间屋子，有一个朝着里昂大街的小阳台。卡特莉娜的母亲占独立的一间。卡特莉娜和两个儿子住另一间。晚上，他们三人就挤在一张床上。母子三人和外祖母的房间一样，都朝着院子。

厕所在楼道里，和另外两户人家合用，设有浴室。楼下有一家理发店，一家饭店，还有一家针织用品商店。

一直到1930年，在加缪搬出这里前，这里既没有电，也没有自来水。在他们的餐桌上方，总是挂着一盏可以升降的油灯，人们把它称作吊灯。

当时，他们的这个六口之家，由加缪的外祖母掌管着，她十分严厉，不能容忍两个外孙和自己唱反调。因此，经常使劲地用牛筋鞭子打孩子，而孩子的母亲，卡特莉娜十分害怕自己的母亲，还因口齿不清，只能木讷地看着他们挨骂受打。她只能恳求母亲，尽量不要打孩子的脑袋，而埃迪纳舅舅也怕他的母亲。埃迪纳在家附近的一家木桶厂当工人，他的工资很大程度上维系了一家人的开销。

在13岁以前，埃迪纳是一个完全不会说话的哑巴。后来，接受了一次外科手术后，他勉强可以说话，但是仍有些困难。战争期间，卡特莉娜在一家弹药制造厂分拣弹头，一直干到她风湿病发作，迫使她不得不把工作停下来。于是，她又开始替人去做帮佣。劳累，使她变得越来越沉默寡言。

在加缪的家庭里，不要说是书了，甚至连做作业的桌子都没有。他头上吊着那盏明明灭灭的油灯，在餐桌上做作业。做完作业后，他必须把书和作业本整齐地放回书包里，桌上什么都不允许留下。在家里，平常要做一些沉重的家务活，比如，到离里昂大街大概100米远的蓄水池里，用埃迪纳舅舅在木桶厂里做的小木桶，把水拎回家。

后来，加缪把这些苦难的生活，作为了他作品里的素材，他曾这样写道：

> 有这样一位妇女，她丈夫的去世，使得她和两个孩子生活在贫困中。她住在母亲的家里，那里也是贫穷的，还有一个当工人的残疾兄弟。她做家务，她要工作，把两个孩子的教育，

托付给了自己的母亲。她的母亲粗暴、傲慢、专横，对（她的）儿子们十分严厉。一个儿子结婚了。

我们要说的是另一个儿子。他先是上公立小学，随后进入中学，他平常在学校吃午饭，每次回到家中，他就回到了一个贫穷、肮脏、令人极其厌恶的地方，外祖母不够善良，而温柔的好母亲，却不知道怎样去爱抚自己的孩子，结果，也是导致了麻木不仁……

战争夺取了丈夫的生命，让寡妇卡特莉娜·桑代斯带着两个孩子艰难度日，在第一次世界大战的这4年中，她没有收到过国家哪怕一点的补助。只是在战争即将结束前的几个月，她才收到了一些抚恤金。

那时，卡特莉娜只能求助住在隔壁的一位会计邻居，帮助填写了抚恤金的申请表，因为，她家里没人能填写。此后，她从政府那儿得到了一笔小小的款项，使她能够为孩子添置一些必要的学习用品，同时还可以享受免费医疗。

3. 路易·日耳曼先生

有人说过，伟大的思想是附在鸽子脚上来到世间的。

——《西西弗斯的神话》

在贝尔库奥梅拉街的一所公立小学，自然成了孩子们眼中最大的建筑，小学分为男子部和女子部。加缪平常上学，只需从里昂大街穿过一条马路，然后向左拐，就到学校了。他在那里，开始了学习生涯。

学校是一幢三层楼的房子，教室十分宽敞，设备也齐全，同时，还有一个供孩子们午间玩耍的场地。在加缪眼中，这里成了一个天然的庇护所，一个充满快乐的天堂。虽然学校有各种各样的规定，及一些不算重的体罚，上课的时间从上午8点至11点，下午1点至5点，另外还有一个小时的自习。

就是在这里，加缪开始了他人生重要的历程，并且逐渐施展他天才般的禀赋。他的身上似乎天生有一种对他人的影响力，这种力量，并非源自于他强壮的体能，而是他聪明的天赋。

从小学起，加缪就喜欢有听众，而其他同学，甚至其他班级的，也来听他讲。有时，加缪还独自一人去阿尔斯纳的海滩，口中含着小石子，然后在那里大声地朗读诗歌，就像他听说的那样，因为他曾听说古代狄摩西尼就是这么做的。有一天，一些好奇的同学跟踪他，竟发现了他的秘密。后来，加缪又被其他好奇的同学跟踪了几次，并且对他进行窥视。然而，加缪对这些窥视他的人置之不理，继续他自己的行动。

加缪很少请他的同学去自己的家里，也许因为贫穷与敏感的自尊。他的家里，是一个封闭的世界，没有纸张和笔，没有一份杂志、一张报纸、一本书。加缪的同学，路易·吉约也是一个穷孩子，他说加缪从没想过要隐瞒自己母亲的职业。加缪的哥哥吕西安说，他们虽然是贫穷的，但是与生俱来是自豪的，因为贝尔库的太阳和大海是免费的，这里给他们提供了人生最大的快乐。

在学校里，有一个小小的图书馆，每周可以借一次书，外祖母为加缪和吕西安在区的图书馆也办了一张借书卡。他们的老师，也经常把个人的书籍借给学生，以便让一些贫穷的学生有书可读。

在10岁时，加缪来到了路易·日耳曼执教的班级。这位睿智的老师，马上就察觉到加缪是个天资聪颖的学生，他暗自想助推他一下，确实他也真的这么做了。后来在阿尔贝·加缪获得诺贝尔奖时，他从未忘记这个昔日对他影响至深的人，他把诺贝尔奖传统仪式演说词，献给了自己的这位老师。题词时，加缪恭恭敬敬地写上"路易·日耳曼先生"。

路易·日耳曼是个优秀的特级教师，学校里的其他老师，都很尊重他。他的专业是法国语言。他身材高大，一双蓝色睿智的眼睛，眼神十分严厉，皮肤白皙。其他学生甚至用冷酷的暴君来形容他，而在加缪的眼中，这位老师显得宽容多了。

据同学伊夫·杜瓦永的回忆，一直到小学五年级，加缪的法语在班里始终是第一，而伊夫·杜瓦永则是算术第一。他说，加缪具有极好的语言天赋，在阅读、背诵、演讲和口头回答问题方面，他的能力总是非常突出。

路易·日耳曼保存着一本那时学生的成绩手册。因而，读者们可以知道，在1923学年第一个月，阿尔贝在班上排名第二（他在品行栏上被扣掉两分），维勒纳夫第三。到了12月，加缪又获得了第一，次年1月也是第一。在这所学校里，同学们学习的科目还有历史、地理、公民教育、自然常识。这本成绩手册上学生的姓，充分反映了这一地区居民的原籍，证明他们来自很多不同的地方。

日耳曼意识到了他班上这个孩子异常出众的能力，然而，对贫穷的家庭环境来说，加缪很可能与贝尔库的绝大多数孩子走一样的路子，当义务教育阶段一结束，就去当地的工厂或企业找一份谋生的工作。加缪的哥哥吕西安，就是为了每月100法郎的工资，早早出去工作，因为家里需要这份钱来生活。

然而，作为一个老师，他又能做什么呢？有一天，日耳曼来到里昂大街93号，与加缪的母亲和外祖母进行了一次谈话。他语重心长地强调，一定要让有如此天赋的加缪，继续完成学业，并且按其能力，能学多远就多远。至于学费，他作为老师，可以帮他申请奖学金。

毫无意外，外祖母提出了反对，她说，人人都要干活，人人都得吃饭，她表示反对。不过，这次，加缪的母亲不再沉默，她说，既然现在大儿子已经出去工作了，能够缓解家里的经济，那么，让小儿子继续读书，也未尝不可。

后来，外祖母还是让步了。接着，加缪就全身心投入到升学考试中去。考试的时间为1924年6月。

日耳曼一定在迎考的阶段，对自己欣赏的学生进行了用心指导。有一次，日耳曼在课堂上声情并茂地朗读罗兰·多热莱斯的《木十字架》（这本书在大战结束后出版，是描写第一次世界大战战壕生活的通俗小说，出版后一直都很畅销）。

当老师声情并茂地读到普通士兵日夜受到的煎熬，并在战斗中突然死亡，加缪便情不自禁地想到自己的父亲。加缪在他后来的作品《第一人》中，详细讲到了日耳曼的这一次朗读对他产生的巨大影响。

路易·日耳曼自己也是从战争中走过来的人，因此，这些战争的孤儿，他觉得有责任替代他们的父亲，至少在学校里是这样的。日耳曼同时还鼓励加缪与外祖母重归于好，并且让他懂得爱自己的母亲。

经过最后阶段的努力学习，加缪和班上另一位优秀的同学维勒纳夫被格朗中学录取了，接下来，他将迎接一段崭新的中学生活。

4. 白衬衫

"我很想去一个外国城市，一个人，什么也没有，我将过着简陋甚至凄凉的生活。最重要的，我将保密。"

——让·格勒尼埃

几年的中学生活，加缪在同学们的眼里，是一个活跃、潇洒、非常有个性的学生，他的各科成绩平平，但是法语特别棒。加缪很少换外套，因为他没有大衣，在他外套的口袋里零钱少得可怜，不过，这种境况，在当时的学生中很普遍。

自从1924年10月进入学校以后，他就成了半寄宿生，他选择了主修法语和拉丁文为主的课程。班上共有34名学生，上课的时间为：上午8点至12点，午间休息2小时，下午2点至4点。这期间他还学习了英语，利用课余时间还学了一些西班牙语。

对这时的加缪来说，除了学习外，另一个爱好才是令他真正着迷的事情，那就是足球运动。他在这段时期结识的朋友，几乎都是在球场上认识的，据他回忆，只有一个朋友是球场外认识的。

然而，在球场上，和他的同龄人相比，他的个头小了一点，一个好朋友亲切地对他如此描述：

> 一个三角小脸蛋，两只大眼睛像杏仁似的，笑起来还现出两个调皮的小酒窝，那张爱说的嘴巴总是喜欢开玩笑。

是足球俘虏了加缪，他是队里的守门员，有时也踢中锋的位置，队里常常由他组织进攻，因为他还是队长，一个球友回忆起他的球技：

> 加缪球踢得很好，他带球十分灵活，人又勇猛，具有超强的爆发力，他经常可以在对手的脚下成功铲球，因此也常常负伤。毫无疑问，他常是队里的主力。

有一次，他们在雨中进行了一场球赛，加缪奋勇地迎向前锋，用胸部堵对方的射门，结果晕倒在球门前。

这之后不久，家里人就开始发现加缪经常咳嗽，并且常常一咳起来满脸通红，有一天，他又突然晕了过去。

那是一个寒冷的冬天，加缪的外祖母匆匆赶到阿库家（加缪的姨父），他家位于阿尔及尔市的市中心，阿库家开了家肉店，只出售最好的进口产品，这使阿库家一直过着衣食无忧的富裕生活。

"咳出血了！"当外祖母惊恐地告诉他们后，阿库马上去为加缪请来了医生，医生看过加缪的病情后，告诉他们加缪得的是肺结核，而且直接对阿库说："只有你才能救活这个孩子。"

因为阿库家富裕，可以给加缪提供足够的营养，医生建议他多吃一些肉。事实上，肺结核这个病绝不可能是因为着凉或激烈的足球运动而染上的，不过，也可能由它们引发。更重要的原因，是因为生活条件差，吃不好，营养不良而导致的。

阿库家的房子，坐落在朗格多克路3号，这是一栋外形像别墅的楼房，他们一家住在二楼的套房里，里面很宽敞，有四个房间，房子后面还有个花园。加缪占了一间临街的房间，平常还可以到花园里的柠檬树下看书。加缪在这里住了几年。

在加缪突然生病后，他的中学老师让·格勒尼埃注意到坐在第一排的"调皮鬼"没来上课。于是，格勒尼埃决定去探望加缪，这在当时，老师做出这样的举动是非常少见的。然而，这次探视给老师的感觉不是很好，年轻的病人似乎拒绝了他的好意。加缪在后来的解释是，当时他年纪太小，还不懂得表达内心的情感。

在阿库夫妇的用心照顾下，加缪的身体一天天好起来。不久，他又可以回到学校了，可是他在高二留了一级，这可能是一件好事情，因为这么一来，加缪可以跟让·格勒尼埃多相处一年。这位对他影响至深的老师，在加缪往后的人生中，两人亦师亦友，一直持续到加缪生命结束。

加缪回到学校后，想重新回到驰骋奔放的足球场已经没希望。尽管这样，他对足球这项运动还是非常热爱，他成了一名忠实的足球观众。另外，到了青春期，加缪开始注重自己的外表，尤其在意自己的衣着，在阿库家养病的这些日子，他受到了姨父的影响，成了对穿着讲究的人。

加缪的同学富歇是个地道的法国人，他说，从加缪身上，我们可以看到"最时髦的阿尔及尔"。后来，富歇把他的朋友让·德·迈松瑟勒介绍给加缪时，发现加缪有点傲气，接着富歇带有嫉妒又略带嘲讽的语气说道："要知道，他是个成绩优秀的学生。"

尽管如此，迈松瑟勒还是被加缪的魅力吸引住了。那时，加缪最喜欢穿着干净的白衬衫、白袜子，头上戴着一顶宽边的毡帽，那时的加缪年纪在18岁左右，年轻、优雅、自信，还时不时对事物或人，表露出智慧的嘲讽。

1931年9月的一天，加缪的同学路易·帕热斯在路上偶然遇到加缪，发现加缪穿了一身白，白衬衫、白领带。据加缪说，那时是为了向意大利的作家邓南遮表示由衷的敬意。

1932年6月的一天，加缪和老师格勒尼埃在邮电局附近的一条路上偶遇。加缪迎了上去，和老师攀谈，并且问老师他是否具备写作的能力。老师很快就来考验这位聪明的年轻人了，那时，加缪威严的外祖母刚逝世，加缪就用朴实的语言，来表达了自己强烈的感情，他这样描述道：

装病，家里人都是能感觉到的，外祖母一直到死的那天，都在装病，她的死没能对外孙产生什么强烈的影响。

不过，在葬礼的那天，因为大家都在哭，于是，他也跟着泪如雨下，与此同时，他问自己的心，仿佛害怕自己不是真诚的。

格勒尼埃经常邀请一些学生到自己的家里，和他们平等交流，也借书给他们，当然，加缪也是其中的一员。当加缪读完了纪德的《论文集》，他能够将其中的《爱的妄想》整段整段地背诵出来。他告诉自己的老师，他感到在纪德的《日记》里，充满着一种浓浓的"人情味"。接着，加缪很快就把纪德的全部作品读完了，于是，格勒尼埃又把自己的《追忆流逝的年华》借给了他。

从那之后，加缪开始不断练习写作。因受到老师的影响，加缪从17岁起，也开始阅读《新法兰西杂志》，并且在老师的鼓励下，加缪开始积极向一些刊物进行投稿，在他中学的最后一年，他已经开始发表作品了。

1932年3月，《南方》杂志发表了加缪的第一篇随笔，题为《一个新魏尔兰》。他用动人的笔触，阐述了这个富于幻想的诗人应该得到更高的艺术评价。

同年6月，在《南方》杂志上，加缪的名字再次出现。他发表了一篇题为《世纪哲学》的文章，表达了自己对亨利·柏格森的新书《道德和宗教的两个来源》的失望。又在同一期杂志里，加缪运用尼采和叔本华的思想，写了一篇《音乐随想》，从中可以看出加缪的抱负。

雅各布是一位虔诚的天主教徒、画家、诗人，在当时，他已经很出名。雅各布和加缪的老师格勒尼埃其时已通信许久，这位老师在信中提到了他的这位天资异禀的学生，信中写道：

我感觉到加缪是一个很有前途的学生，他处处显示了对文学艺术的热爱，而这种热爱，完全可以转变成对其他任何东西的热爱。

自1932年夏天起，加缪和雅各布也开始了通信往来，自那以后，他与法国近代文学作家的距离已拉近了。

第二章　追寻

1. 西蒙娜 · 伊爱

> 我将牵着女孩的小手，让她坐在我的身边。坐下后，
> 静静地看着我。随着她的眼神，我们将慢慢驶入陌生的大
> 海，驶入辛巴达经过的大海。
>
> ——加缪

加缪的同学富歇，一次在朋友家的阳台上，与一帮朋友观看街上的百年庆祝游行，很快身边一个标致的女子便吸引了他的注意，这位女子此时还未满16岁，她叫西蒙娜·伊爱，出生于1914年9月10日，是阿尔及尔人。她容貌非常标致，轮廓分明，颧骨稍突出，下巴厚实，散发着一种青春迷人的气息。

西蒙娜的母亲索格雷是市内有名的眼科医生，西蒙娜的父亲阿希勒，很早就已经去世。富歇自从这天与西蒙娜认识之后，就几乎与她形影不离。这种关系很快就被西蒙娜的继父知道了，而且，对此他感到极为恼火，还做出跟踪这对年轻情侣的举动来，显然他对他们的这种关系非常妒忌。虽然富歇对她继父的举动感到非常震惊，但是西蒙娜的母亲倒想促成这件美事。

于是不久后，富歇与西蒙娜非正式地订了婚，他们准备在富歇服完兵役后，再举行婚礼。

而此时，富歇总是很忙，一方面他是个学生，功课不能落下；另一方面，他作为领导者，创立了阿尔及尔社会主义青年会，他常常离开阿尔及尔，去别的城市，帮助青年会建立支部。在他离开时，加缪经常去看望西蒙娜。加缪非凡的魅力和浪漫主义气息，很快就吸引了西蒙娜。同样，西蒙娜舞蹈演员般灵巧的体形，棕色的

头发，顾盼生辉的目光，很快就使加缪坠入爱河。

他们相爱了。

当富歇想与西蒙娜约会时，再也等不到这个美丽的姑娘，因为对方已另有所爱。有一天加缪约了富歇，说想和他谈谈。于是，两人约定在埃塞花园碰头。谈及西蒙娜时，富歇说他感到十分痛苦。加缪说："她不会回到你身边了，她做出了选择。"

富歇听后，感觉变得很奇怪，既痛苦又高兴。痛苦的是，美人的离去；高兴的是，情敌不是别人，而是才华横溢的朋友，富歇一直很敬佩加缪。接着富歇推心置腹地说道："你若真有才华，那就证明给我们看看。"

就这样，两个原本的好朋友，带着难以言喻的酸涩滋味，不欢而散了。

这件事情后，意味着富歇和加缪的友谊结束了，至少，暂时是这样，彼此都需要一些时间来愈合。1933年，加缪通过中学考试，顺利考入了阿尔及尔大学，攻读哲学。

1934年，西蒙娜和加缪结婚了，而此时，富歇患上了肺结核，需要去别的城市疗养。加缪给他所在的杜威大学生疗养院写信：

> 我们作为社会中的普通人，唯一让我们感兴趣的是能对现实生活作证。人们曾经在一起说说笑笑，然后离去，这就是人们所谓的淳朴，如蒂巴萨旅馆的老板说：人总会死去，但不能不让活着的人谈论。悲观失望是错误的。艺术、爱情、宗教是永存的，我还能对你说些什么呢？在我看来，你的友谊对我来说是重要的，你是我的挚友。

加缪的姨父对这桩婚姻，一开始就持反对意见，阅人无数的阿库，似乎一下就看到，加缪和西蒙娜的结合并不相称。

他认为，自己的这个外甥，前途无可限量，以后的路还很长。现在，学业才刚开始，不应该耽搁于婚姻的家庭事务，特别是像这样头脑一时发热的婚姻。他对加缪说，西蒙娜不可能是一个安静干活的好妻子，况且，一个贝尔库出来的穷小伙子，与这样一位不同社会阶层的姑娘结合，这本身就是个天大的错误。但年轻的加缪还不能看到这些。

据西蒙娜的母亲说，西蒙娜为了减轻每个月痛经的苦楚，自14岁起，就开始注射吗啡，最终她不能自拨，陷入了毒品之中。她对毒品产生了深深的依赖，一些苛刻的人说她是爱说谎的尤物。

另一方面，西蒙娜的生活放荡任性。据说，西蒙娜用完了母亲在医院为她开的吗啡后，为了获得更多的毒品，常常去市里勾引一些青年医生。

但此时，爱情冲昏了头脑，加缪认为自己能够拯救她。他认为，也许结婚后，彼此爱的力量，可以治愈她的这种毒瘾。至于西蒙娜的母亲，她也很信任加缪，因此，她很爽快就答应把女儿嫁给这个年轻人。

6月，加缪和西蒙娜举行了一场世俗的婚礼，结婚证书由加缪的母亲签字，表示同意，因为此时的加缪还未满21岁。当母亲问他要什么礼物时，加缪说要12双白袜子，因为在那个时期，加缪只穿白色的袜子。结婚的当天晚上，新婚夫妻仿佛为了蔑视世俗的礼节，他们做出了出人意料的举动。西蒙娜回到母亲家过夜，加缪也回到母亲家过夜。

有一天，加缪当时最好的朋友让·迈松瑟勒陪西蒙娜去采购家当，他发现这位新婚妻子连锅用来干什么都不知道，他的习惯和性格令让·迈松瑟勒大为困惑。后来她干脆托这位经商的让·迈松瑟勒帮她置办嫁妆，包括：16条床单、6个枕套、4个长枕头、1块桌布、6件长睡衣、1件床上看书时穿的宽松睡衣。

西蒙娜的母亲为他们在一个高档住宅区内租了一栋别墅，当时的房租是450法郎。就当时的生活水平来说，这个租金是很高的。他们的房子外表虽不怎么样，但是里面很宽敞，大客厅外有个大阳台，望出去是一片山丘。加缪的中学老师兼朋友格勒尼埃就住在离这不远的地方。

加缪的姨父阿库，让这对新婚夫妻在貂皮大衣和雪铁龙轿车两样礼物中选一件，西蒙娜选了轿车。但是阿库之前说好了，加缪的姨妈每周要用一天车。但西蒙娜显然不喜欢这个主张。有一天阿库接到警察局传来的消息，说一辆雪铁龙被扔在警察局门口，警察从车内找到了阿库的证件。

虽然西蒙娜不是大学生，但她聪明好学，理解能力很强。有空时，她会和加缪一起去教室听课，然而，她与当时学校学生淳朴的气质相差实在太大了，有时，她披着一件昂贵的狐皮长披肩，头上戴着帽檐很宽的帽子，显得十分夸张，脚上穿着鲜艳的高跟鞋，嘴里叼着香烟，她若无其事地走进了教室。

在大学教室里，西蒙娜显示了一种中产阶级的优越感，虽然因此惹来不少羡慕的目光，然而，她与加缪的小团体分明是格格不入的。

2. 大学写作探索期

> 不，确有可以骄傲的东西：这阳光，这大海，我的洋溢着青春的心，我的满是盐味儿的身体，还有那温情和光荣在黄色和蓝色中相会的广阔的背景。我必须运用我的力量和才能来获取的，正是这一切。
>
> ——《蒂巴萨的婚礼》

全新的生活，促使加缪要尽快让自己在经济上获得独立，因为他不能再像从前一样，靠着姨父的赞助生活。他决定兼职挣生活费，所以，大学时期对加缪来说是忙碌的。他一边忙于自己的学业，一边辅导高中生，他还给富歇写信，让他帮忙找一些文字编写的工作。

加缪所在的阿尔及尔大学，位于米雪勒大街的北边，大学的建筑风格属于新古典式，在那时，里面大概只有几百名大学生，几乎都是欧洲人，他们认为那里的气氛更加自由平等。

在此时，加缪亦师亦友的中学老师让·格勒尼埃也来到了阿尔及尔大学当助教。格勒尼埃在大学的课堂上引入了一些新的内容，他制订自己的教学计划，涉及到诸如道教等一些边缘题材。为此，加缪读了印度哲学，老师还引导他了解了柏拉图。他和老师都读了笛卡儿、克尔凯郭尔、斯宾诺莎等人的著作。

在大学生活的初期，加缪对一些意外事件的反应是典型的斯多葛主义态度。例如，有一次他们要考心理学，加缪的同学德施泽尔记错了时间，他通知加缪，考试在下午进行，然而，等加缪下午匆忙赶到考场，发现已经考完了。理所当然，加缪应该很生气，因为这次考试，对他来说非常重要，下一次考试，就要等到六个月之后了。然而加缪并没有流露出生气的样子，只是淡淡地说："那好吧，我们下次再来考。"

那时的大学里，左派和右派的学生关系十分紧张，德施泽尔是积极的社会党分子，对这类政治活动，加缪表现出冷淡的态度，德施泽尔认为加缪因为自身有病，或姨父的反对所以对这些不感兴趣。在学校里，加缪是个刻苦学习的学生，上课的老师都对他刮目相看。在校外，加缪积极参加活动，让他在此时已经有了名气。他在校外参加了"唯美主义"圈子，他在向着作家的方向而努力。

他写了一首名为《地中海》的诗，尽情地表达了地中海人文的思想，在后来的作品中，这种思想一直贯穿其中，很显然与当时本土作家所表达的极其不同。这种思想与他周围的好友、老师及那里的居民，是密切相关的。加缪和朋友们平常散步时，常常谈及这个具有北非风土人情的地方，在北欧人的眼中，地中海人热情奔放，说话滔滔不绝，性情率直，但缺乏自我克制能力，有时欠客观。加缪希望自己笔下描述的和真实的地中海能够融为一体。

他在诗中描述道：

地中海！一个适宜于我们的世界。

……

信念在金色、蓝色的摇篮里摆动。

……

拉丁人的土地没有震动。

……

在你身上，人们通情达理，更加文明。

……

地中海，哦！一望无垠的地中海！

你的儿子们孤单地裸露着身子，没有秘密，在等待着

死亡。

他们死后纯净地、最终干干净净地归还于你。

加缪这个时期写的诗歌，及一些激情洋溢的散文，都在他死后作为遗作一起发表。他还写了一篇题为《在女尸前》的心理悲剧短文，文中描述了一个失去妻子的丈夫，站在尸体前的各种复杂的心理状况及其变化，丈夫一下子从迷糊中变得出奇地清醒起来，他变得无所顾忌，仿佛变成了另外一个人。

在另一篇《失去爱人》的写作探索中，他描述了无法接近和得到所爱之人的爱时的一种惆怅与失落感。1933年，他还写就了一篇极其出色的思考短文，题为《上帝与其灵魂的对话》，从这篇带着希望性质的文章，可以看出他对人自身渴求认知的思想轨迹。

诸如以上这些诗歌和短文，是加缪自身对写作的一种摸索，他渐渐掌握了如何运用词语，无疑，文章里显露了许多雕琢的痕迹或一些过分的理智与自我沉湎。这是初学写作者都会经历的一个过程，写多了，慢慢就会懂得如何删繁就简。对此，加缪学得很快。

他很快就结束了这个为写作而写作的阶段。因为在他的心中，逐渐积累起一些迫使他不得不表达的事物，一种类似信念的意识逐渐清晰起来。

这之后，加缪尝试对自己童年精神创伤的题材进行挖掘，为此，他写了一篇题为《穷街区的医院》的小说，小说里描述了在医院里，一群患有肺结核的病人在花园里晒太阳，他们相互打趣，开着同病相怜的玩笑：

> 一个剃头匠跑到路中，想撞上一辆汽车自杀，然而一下被司机从车底下拉了出来，他的屁股挨了一脚。另一个人，因为与性欲强烈的妻子不停做爱，直到最后丢了性命。结核病是能够治愈的疾病，但是需要时间和耐心……

这一时期，加缪对西蒙娜的迷恋是很认真的，他像完成格勒尼埃布置的议论文一样用心，人们从他写给西蒙娜的信中可以看出：

> 山茶花压垮我们的桌子，它提醒我们，梦幻中的春天与我们恐惧的死亡，是相当的……因而，我们发出这样的赞美，我们泛神论的观念，将渐渐趋于多元的统一。

> 另外，我们得到唯一的答案，那就是：沉着的缄默。我们用这种缄默，去对抗至高的上帝，对抗世界万物，我们需要足够多的怜悯才能战胜上帝……

> 湿润的天空过后，在清晨的草地的反面，花朵芬芳之后，是否还有其他什么东西？此时，我在讲述这些，讲述这些引人入胜的奥秘，我又是谁？相信这一切的人是否就是我自己？但我相信的，不是花朵芬芳之后的那种东西，我相信的，是芬芳和花朵本身……

1934年1月25日，加缪开始为《阿尔及尔大学报》的艺术评论栏写一些相关的评论。他的第一篇专栏评论，是一次以地中海为主题的画展，他一个搞雕塑的朋友路易·贝尼斯蒂有三幅画参展，不过加缪没把他的画重点评论。专栏末尾许诺在下期对此画展作个整体的评述。

他从描述贝尼斯蒂的画室作为开头：

> 充满海水味道的房间里，在两把椅子中间，生着炭火。墙上，挂着德斯皮尤和马尤尔的速写作品。在墙角，放着一件未完成的雕塑品。静极了。

接着，他评述了在这次参展中，好作品确实太少了，并表示遗憾。在加缪看来，这次东方画展，显得有些单调和乏味，种类和风格不够丰富。他的好朋友迈松瑟勒，不会忘记他的朋友对展厅作了这样的描述：

> 在一个灰蒙蒙的清晨，从大厅的深处往外观看，透过大块的玻璃幕墙，后面就是港口，雾气中，隐约可见模糊的船桅，声声汽笛，如刀子般划破了浓浓的雾气……这才是一幅最美的画。

结尾，已俨然是一位真正评论家的评论人，用谦逊的口吻，声称自己并不是绝对的真理，但他表示，自己表达了最真诚的观点。

3. 劳工剧团

> 我想知道人们在接受了义无反顾的生活之后，是否也能同样义无反顾地劳动和创造，以及通向这些自由的道路是什么。
>
> ——加缪

1934年2月6日，在法国巴黎的协和广场，右派反政府游行正在大规模上演。当时的议会，正准备对激进社会党政府进行一次信任案投票。而这批游行者，就是为了来阻止这次投票的，游行者的口号，全都是关于法西斯主义的。在这次对抗的骚乱中，死了17人，2329人受伤。结果，直接导致了政府垮台。

对加缪不熟悉的人，他们觉得加缪可以避开这些动乱。然而，这时的加缪，由于身边朋友的影响，他已开始关注眼下的政治。并且，在经过深思熟虑后，他冷静地决定加入到政治舞台。

经过朋友介绍，他认识了艾米勒·巴杜拉。这是一名积极的共产党分子，他当时的身份是和平与自由组织的副总书记。

按照巴杜拉和加缪商量的工作计划，加缪接下来将负责贝尔库工人区的支部工作。这时，他偶然又遇到了贝尔库的小学同学路易·帕热斯。帕热斯从海军退役后，进入了一家海运公司工作，出于信任，加缪要求他一起加入组织。

1935年7月，巴黎成立了反法西斯知识分子委员会。局势一下子令人兴奋，阿尔及尔大学西班牙语教授马尔塞·巴达，亲自担任反法西斯知识分子委员会阿尔及尔分部的书记。他以这个身份，诚挚邀请了左翼知识分子的名人安德烈·马尔罗，希望他能来阿尔及尔作一次集会的发言。

这次会议进行得很顺利，在马尔罗演说时，他没有穿外套，嘴上叼着香烟，不停地在台上来回走动。马尔罗离开阿尔及尔时，当地的反法西斯积极分子都去码头欢送他，并举起拳头向他深深致敬。

因为受到了鼓舞，加缪决定秘密加入共产党，纵观加缪的一生，当他做出重大行动时，总是这样小心谨慎。他加入共产党，没几个人知道，除了几个与他一起加入的朋友以及他亦师亦友的老师格勒尼埃。

不过，很多关于共产党的活动却是公开进行的，人人都可以参加，由于受到作家马尔罗演讲的影响，这时，文学艺术活动尤为活跃。因为马尔罗建议大家以文学艺术为信仰服务，这使得加缪对马尔罗更加钦佩。

因而，加缪仿佛受到了启发，他开始把身边的朋友聚在一起排练剧目。很快，剧团就成了政治行动的秘密方式。他们一致决定，把剧团取名为劳工剧团。

劳工剧团的第一部戏，就是加缪改编自马尔罗的小说《轻蔑的时代》。与此同时，他们还秘密领导着一个地下的共产党组织，这是一个教育机构，得到左翼工会的支持，名字叫"劳工学校"。接着，他们继建立劳工剧团和劳工学校后，又迅速成立了劳工影院。

在这些活动中，加缪做了一系列的工作，他亲自改编剧本，组织散发剧本，对剧目亲自导演，甚至自己当演员。

加缪运用旁白的方法，把《轻蔑的时代》改编成适合舞台演出的戏剧，他利用台前台后的幻灯机，对舞台背景快速切换，每一场戏都不长。

为了排好这部戏，他发动了身边所有的朋友，其中有路易·帕热斯、路易·米凯尔、保罗·拉菲、玛格丽特·多布朗、伊夫·布尔乔瓦、罗贝尔·纳米亚、让娜·西卡尔及阿尔菲·普瓦尼昂。

在改编这部小说前，他给作者马尔罗发去电报征求意见。马尔罗很快就发回电报："你演吧。"

加缪得到肯定的答复后，非常高兴，因为马尔罗在电报上用"你"称呼他，这种亲切代表了一种信任在里面。

1936年1月25日，《轻蔑的时代》首场演出公映，《共产党》杂志欢呼道：

这不是试演，简直是大师的杰作。

评论家热内·雅农在《阿尔及尔回声报》上写道：

他们令人惊讶的戏剧觉醒意识，他们营造的剧院气氛，这在阿尔及尔是非常少见的。

这次演出，在由社会各个阶层人士组成的观众团体中，获得了成功。

加缪有一种天生的不怒自威的气质。他不会和演员争争吵吵，因为几乎都是他说了算，而演员对他的建议又十分信服。

在接下来的新剧中，剧目由加缪提出，然后大家进行自由讨论。选择的重点放在由他的共产党朋友决定的政治路线上。蓬塞写道：

> 加缪具有一种难以形容的过人天赋，他总是在适当的时间里，出现在现场，并用恰到好处的语言，激起人们的热情，自然而然就产生一种信任的和谐气氛，他对语言分寸的把握很好，总是善于说服别人，还能不时友好地与他人开玩笑，以调节气氛。

继《轻蔑的时代》大获成功后，劳工剧团的同志们，又开始投入到了第二部政治戏剧的创作中去。这部剧取名为《阿斯图里亚斯起义》，他们在贝尔库一个业余乐队的库房里进行排练。

经过漫长的排练后，《共产党》的半月刊《社会斗争》宣布这部戏剧将在4月2日进行首场演出。然而，计划落空了。

演出前，市政府派人把加缪叫去。而剧团里的剧友，都以为这部剧早就获得省政府的同意，所以，他们仍然坚持不懈地排练。加缪被告知，阿尔及尔市长没有作任何解释，就单方面宣布禁止此剧上演。

加缪获得这个消息后，马上给市长写了一封公开信，信中，他严正地抗议这次禁演的决定。然而政府一点也没有宣布解禁的意思。剧团三个月的努力排练，被突如其来的一道禁令化为乌有了。

不过，加缪很快就反应过来，他觉得目前最好的办法是发表剧本，于是，剧本很快就由一个21岁的小伙子夏洛进行秘密出版，印刷厂的老板很照顾这个年轻的出版人，给他印了500册，只收了500法郎。剧本每本售价5法郎，两周之内，该书就一售而空。

4. "性嫉妒"

> 肉体的判断并不亚于精神的判断，而肉体在毁灭面前

是要后退的。

——《西西弗斯的神话》

　　一个学期结束了，学校里的同学、周围的朋友，回家的回家，度假的度假。看起来，在开学之前，加缪不能组织任何活动了。于是，加缪想把这段清闲的时光，全都用来看书。这时他读的作家作品有点出人意料，包括戈比诺公爵、塞利纳等。

　　恰好在这段闲暇的时光，加缪与伊夫·布尔乔瓦接触比较频繁，他们经常一起去看电影、去听音乐会，或在海边闲逛。

　　有一天，布尔乔瓦提出了一个建议，趁这段时间大家出去游览一番，于是建议加缪夫妇和他一起结伴而游。在布尔乔瓦的眼中，坐着独木舟穿越整个中欧，是一件无比惬意的事。加缪和西蒙娜觉得这个建议不错，马上就答应了。

　　于是三个人来到了港口，布尔乔瓦向朋友借了一条两人座的划艇自己用，另外，他又租了一条给加缪和西蒙娜使用。

　　第一次泛舟，布尔乔瓦建议从因斯布鲁克沿着风景迷人的莱茵河谷顺流而下，大约65公里，最后到达德国边境不远的库夫施泰因。

　　7月19日，三个人一起出发了，他们顺着急速的河水，一路划下去。这一天，一切都顺风顺水，三人的心情，也因沿途美丽的风景，感到很愉悦。到了晚上，他们靠了岸，在岸边支起帐篷过夜。因为三个人同住一个帐篷，大家在这晚都没有睡好。

　　第二天早上起来后，加缪在岸边散步时，突然感觉身体疼痛不已，这时他们才想起，加缪因为结核病不能做像划艇这样的剧烈运动。加缪一下子就感觉到十分沮丧，因为他发现自己比不上正常人。于是，他们花了一个上午讨论解决方案。

　　最后，加缪只能自己先坐火车去库夫施泰因，在那里等他们，布尔乔瓦和西蒙娜一起继续走水路。

　　当他们跳上划艇继续顺流而下时，加缪站在岸边，目送着他们远去，心中有说不出的苦涩。

布尔乔瓦和西蒙娜到达和加缪约定的库夫施泰因时，比预计的时间晚了24个小时，加缪曾在日记中描述在岸边等待他们时的凄凉心情：

> 烟雨茫茫，因河沿岸的教堂和田野，笼罩着挥之不去的孤独感。

见到他们，终于让加缪松了一口气。加缪告诉他们，因过了约定时间还不见他们，便去报了警。

接下来的旅程，是古老的宗教圣地贝希特斯加登城，坐落在风景如画的山区，海拔高度为2700米的瓦茂曼山峰，与起伏连绵的山脉构成了如画的背景。

三个游伴辗转多时，才找到了下榻的小旅馆，拖着疲惫的身躯，显然大家对这次旅程都失去了大部分的兴致。

在到达下一个旅游点柯尼斯湖时，布尔乔瓦和西蒙娜比约定的时间早到了。加缪在这之后和西蒙娜进行了一次严肃的谈话。后来人们在加缪的日记中发现，他写下了火车沿途观察到的一切，以及大街小巷里可以描述的新奇事物，都详细记录下来。文字中流露出渴望与一些志同道合的朋友一起外出旅游的念头。

随后，三人又一起去了萨尔茨堡，他们驻足在广场，欣赏露天的一出神秘剧。快乐仿佛又回到了三个人的身边，路上新奇的事物，总能给他们带来旅游的兴奋。忧愁暂时散去了。

旅游的途中，他们可以收到一些朋友寄来的信件。因为，早在他们出发前，就向朋友们通报过旅游计划的站点。

7月26日，加缪自己去邮局取信，他自己收到了几封信，西蒙娜也有一封，加缪跟工作人员费了一番口舌才取出来。他拆开信，发现是一个和妻子超出了正常关系的医生的信。

加缪回到旅馆，跟妻子对证，他们在房间里发生了激烈的争吵。第二天，他们表面上仿佛什么事都未曾发生过一样，加缪决定旅行继续下去，他不想中途返回。然而，有一天，加缪绷着脸对布尔乔瓦说："我已决定和妻子分手，这一切与您无关。"

三个人按计划，完成他们的旅程，他们一起穿越了萨尔茨卡梅库的群山和湖泊。他们时而步行，时而坐蒸汽船欣赏两岸风光，有时，还会因为下雨迫不得已停下来。随着共同经历旅程上的际遇，三人间的气氛好像缓和了一些，加缪有时甚至还会说出幽默的话。当他们抵达林茨时，加缪离开了他们，独自去医院做常规的气胸治疗，而这时，布尔乔瓦便设法把一条多余的划艇托运回法国。

由于旅途中所有的现实问题都落在布尔乔瓦一个人的肩上，有时他不免会大发脾气，而加缪也会不客气地扯开嗓子回敬。布尔乔瓦执意要坐划艇穿越波希米亚，他决定让西蒙娜与他同行，而加缪只能又在约定的地点与他们会合。由于之前加缪向他作过声明，加缪考虑到自己的面子，只能同意了。

不管怎样，布尔乔瓦达到了目的，他对这个安排感到非常高兴。特别是当他与西蒙娜划行到上维塔伐时，路段突然变得艰险，而此时的西蒙娜，表现得比他想象的还要顽强，他说，这是因为西蒙娜的身上，流动着奥地利人顽强的血液。他们缓慢地朝着北面一直漂流下去，到了夜晚，他们在岸边搭起帐篷宿营。

就这样，当他们遇到水路时，就暂时分开。加缪在另一个约定的地点，与他们继续会合。一路分分合合，来到了西里西亚、摩拉维亚，最后，辗转到意大利的北部地区。

三个人旅程的最后一站是从马赛直接回到阿尔及尔，因为接近暑假的尾声，归途变得拥挤不堪。回到阿尔及尔，加缪暂时住进了哥哥吕西安在市中心的房子里。而西蒙娜也回到了娘家住。

当加缪的好朋友遇到他时，发现他变得郁郁寡欢，他们都隐隐感到，这次出游一定发生了不愉快的事。不过，加缪并没有对谁提起这次旅程的心情。只不过，这次旅游回来后，他和西蒙娜便不再一起共同生活了。

事实上，这次旅行回来之后，加缪和西蒙娜分居了。

5. 翡虚院

> 大海，原野，寂静，土地的芬芳，我周身充满了香气
> 四溢的生命，我咬住了世界的这枚金色的果子，心潮澎
> 湃，感到它那甜而浓的汁液顺着嘴唇流淌。
>
> ——《蒂巴萨的婚礼》

无疑，这次失败的婚姻，给加缪带来了严重的精神打击。他甚至伤心地对当初反对这次婚姻的姨父说，西蒙娜是他爱情的试验品。他忽然感到孤独的人生无情地袭他而来，因为此时的他，不再有姨父给他带来舒适的住所作为庇护，不再有高档住宅里的二人世界。他必须重新面对一无所有的生活。

正因为如此，他开始逐渐显露出自我本真的那种异乎寻常的傲慢，一种过分的敏感天性。他的老师格勒尼埃说，这是"非洲人脾气"。反正这种性格放纵地一直贯穿着他接下来的生活。

同时，他也培养了自己"地中海式的"的个性，这种个性表现在他对待女人的态度上：对母亲或妻子表现出敬重，对俘获的女人，表现出一种近乎任性、放肆、豪迈的爱。仿佛，这是为了报复西蒙娜的不忠，让自己找到一种平衡。

这种创伤，让他对爱情始终拒绝保持唯一和持久的关系。他更愿意和喜欢的女孩，保持一种暧昧的安全关系。一种发自本性的自卫，他想要获得更多女人的爱，以弥补这些伤痛，可以说这是一种自我惩罚，也是一种本能的自我保护。

格勒尼埃对加缪描述道：

一个对美的永恒的追随者，是莫扎特的唐璜的化身；作为有强烈的统治欲望，又喜欢独来独往的人，他还是一个生活在大海中的人，他处在一种极端的幸福，或一种极端的痛苦中，时刻感觉受到威胁的人；这是一个对爱异乎任性、头脑异常清醒，爱着女性同时又蔑视女性的薄情郎。

1936年的春天，有一天加缪和两个同窗走在阿尔及尔的希迪普拉伊姆小道上时，偶然看到了"出租房子"的招牌，这马上引起了他们的兴趣。因为那栋出租的房子，能够俯瞰港湾、码头的全景，延绵起伏的群山也在脚下。他们马上找到了房主，房主说自己一家住底层，想把上层出租，这正合三个年轻人的心意。房租是300法郎，三个大学生将平分房租，他们平常想用这个地方来写作，并且与友人会面。

与加缪搭伙的两个姑娘，都来自奥兰。她们分别是让娜·西卡尔和玛格丽特·多布朗，她们在阿尔及尔大学就读。让娜是一个真诚且神情有些严肃的人；玛格丽特则是一个对同伴非常忠心的女孩。加缪常常和她们一起，从事各种文化艺术活动，甚至政治活动。两个姑娘都表现出十分出色的个人能力。

从这一天起，几位志同道合的大学生朋友，便有了一个自由交流和活动的场所。当地的居民把这座翡虚院称为"三个大学生的公寓"。

人们沿着一条从头至尾，完完全全笼罩在橄榄树丛中的蜿蜒小路，一直攀登而上。最终，当你气喘吁吁、汗流浃背地爬到山顶时，首先呈现在你眼前的是，一扇矮小的蓝色栅栏门，接着，又是一段狭窄又陡直的山梯。这时你抬级而上，继续攀爬，一定要十分留意，不要被两旁叶子花的枝丫划破你的手脚和皮肤。

房子的上层，基本是方形的。一个卧室和厨房在后面，前面是另一间较大的卧室，带阳台。站在这个阳台上，城市、大海、港湾、码头——尽收眼底。阳台同时与大厅相连，通过大厅的窗户，景色同样一览无遗。

当你站在窗前放眼望去，感觉到自己犹如一叶小舟，仿佛航行在闪闪发光的海面上。当你把远眺的目光，穿过散乱的晾衣绳，越过层峦叠嶂的红色屋顶，再落到了广阔的海湾，一直让目光延伸到远处绵延起伏的紫色群山上，这时你会发现，你所在的正是一所"面对世界的房子"。

无疑，这所房子在加缪的身上产生了一种微妙的诱惑力。尽管没有精致高档的家具，家具基本上都是从二手市场购来的，然而，这似乎代表了如同一个孩子秘密的藏身之地，成为他躲避纷扰的世界的世外桃源。

在这里，加缪感到身心完全得到放松，他是自由的，他可以卸掉面具与重重的铠甲，抛弃血缘中西班牙式的傲慢，还有地中海的大男子主义，他可以像天真无邪的孩子，尽情嬉戏。我们从中可以看出，加缪对美好童年怀有一种无限眷恋之情。他还以真挚的情感，为他的友谊，为这个秘密之地写了一首诗，大意如下：

> 我曾有过一些同志，
>
> 有过一幢面对世界的房子，
>
> 世界在那里停止转动，
>
> 友谊在那里诞生、闪烁，
>
> 我渴望坦荡、清澈，
>
> 这就是自由真正的定义，
>
> 我们的美丽房子，一直驶向前方……

让娜·西卡尔和玛格丽特·多布朗，都不会是加缪的情人，他们之间，只是志同道合的、平起平坐的好朋友，一种真正的友谊。两个姑娘的友谊，能让加缪产生人与人之间友爱的安全感，这是他亲如一家的赤子般的幻想。以至，后来一些朋友打趣他们，说这两个好姑娘是加缪的"贴身卫士"。

只要有可能，加缪就给有需要的学生授课，特别是经常上门去给学生做家教。在翡虚院，他也分担各种各样的家务劳动，他们每人轮流负责一个星期的伙食，他们建立一个集体资金库，日常开支从那里支取。一般来说，他们的吃饭问题，都极其简单，以面包、烤肉为主。另外，还有玛格丽特的父母从老家每周给她寄来的熟食品。

　　让娜和玛格丽特合住一间，这间房间与巴旦杏树街为邻。而加缪住另一间，平常加缪把一张简陋的厨房木桌，当作工作台，他把它搬到面对港湾的窗前，在他的小说《幸福的死亡》中，用写实的手法描述了这段住在翡虚院的生活，小说中的克莱尔是让娜·西卡尔，而罗丝则是玛格丽特·多布朗。

　　书中还涉及一些其他的朋友，在小说中，他们也有了新的名字。只有翡虚院里的两只猫，加缪用了它们的真实名字：卡利和古拉。在加缪的一生中，总有猫与他为伴。而翡虚院的这张面朝大海的简陋小桌子，就是诞生伟大作品的地方，后来的作品《卡里古拉》，它的初稿也是在这里诞生的。

6. 1937年的夏天

> 我凭借我所有的行动与世界相连，用我的怜悯和感激
> 与人类沟通。在这世界的正反两面之间，我不愿选择。
>
> ——《反与正》

　　1937年5月10日，《反与正》作为"地中海丛书"中的第二本，由出版人埃德蒙·夏洛为加缪出版，这是一本随笔集。

　　这本书只发行了350册，开本为16.5厘米×20.5厘米。埃马纽埃尔·安德烈的印刷厂印制，纸张用的是新闻纸。扉页上，加缪题词

把这本书献给了对他影响至深的老师让·格勒尼埃。然而，这本书在当时并没有受到重视，因此销量很不好，尽管加缪把一部分书分别赠送给身边的许多朋友。然而，首批的书还是用了两年才卖完。

面对人们这种惨淡的回应，加缪感到很失望，当地一些犀利的评论家认为加缪的这本文集里，充满了个人辛酸和悲观主义色彩，书中强烈地流露出一个愿望，那就是热爱生活，并且，充分享受生活中的乐趣。

加缪和好朋友让·迈松瑟勒，在信中也谈过自己的这本《反与正》，他写道：

我同意有关评论的一些观点，事实上，我不应在文中过多地表现自己的东西，避免太个性化。接下来，我想写一本艺术性高的作品，用客观的角度作为切入点。

我现在特别害怕死神突然降临到我的身上，我怕来不及把想说的话说完，就突然离去，要是来一场车祸，这是最不幸的结局。我突然感到，现在有很多话想说出来，为了这个，我一定要认真治好这个病，我渴望继续活下去。

让，生活竟然充满这么多的魅力和痛苦，难道不值得我们赞叹吗？

这之后，加缪开始正视自己的健康状况，一直以来，频繁的社交生活，已经让他疲惫不堪，他的好朋友蓬塞对此感到十分担忧。

不久，蓬塞找到了一个适当的时机，他准备和加缪谈谈。此时，正是夏日炎炎，蓬塞约了加缪去北海堤游泳。蓬塞很了解加缪，他知道，加缪很不喜欢别人谈及他的个人问题。加缪总是把自己的隐私看得非常重。但这位好心的朋友，还是忍不住劝告他："别再固执了，找个好地方，静心疗养一段时间吧，这对你的病情有帮助。至于疗养地，我可以帮你去张罗，还能获得免费疗养。"

听蓬塞这么一说，加缪情绪变得有些奇怪，又有些激动。接着，他礼貌地道了谢，想了一会儿才说道："我很需要和朋友们在一起的热烈气氛，我不想远离与朋友们一起共患难的生活。"

说完这话，他不禁又苦涩地笑了笑，仿佛联想到了自己不争气的身体。

谈话之后，他毕竟还是减少了一些政治活动。他开始专心写作，对集体的文化生活作了适当的调整。

7月的一天，加缪还去了距离阿尔及尔65公里的蒂巴萨，这是他最喜欢的城市。蒂巴萨是山脚下的一座小城，在这里，拥有很多古罗马的珍贵遗迹，另外还有一座壮观的古剧场，这里原始的自然风貌，让加缪非常陶醉，他写下了珍贵的作品《蒂巴萨的婚礼》、《重返蒂巴萨》。

其中一篇描写蒂巴萨的文章，他告诉大家，自己从不会在蒂巴萨连续待上一整天。他说，那样会把风景看过头了。要是下次再来，那种期盼的心情，也许就不那么迫切和兴奋了。

生活突然慢下来，打发这种清闲的时光，虽然让他很不习惯。但他发现，自己有了安静思考的时间。

在8月20日，一个夏天的夜晚，当他独自一人在昂布伦散步时，猛然感悟到，这种离群索居的生活，正是忙碌时他希望得到的东西：可以独自梳理创作计划，可以去思考他必须解决的事情。

这时，他很清楚，一旦回到阿尔及尔后，那狂热的文化和政治氛围就会使他身不由己了，他将不会有属于自己的时间，也没有时间考虑新的创作计划，每天只能穷于应付，像个陀螺一样，忙于那些别人交给他的，或者他不得不规定自己完成的日常工作。

有时候病痛的折磨，让他产生十分痛苦的焦虑，他在旅途中的日记写道：

> 高烧持续不断，头痛几乎让人崩溃，突然，就会产生抛弃尘世、到某个隐秘的地方独居的怪念头。

然而，现实是，他只能再次打起精神，勉励自己继续同病痛做斗争。当疼痛减少，精神好些时，他又在日记里惦记着阿尔及尔的政治时局，日记中流露出对法国政府领导人的失望，因为他们所发出的声音，不是一种人道的声音。

接着，日记又揭示了他希望注重性嫉妒这一方面的主题。这种嫉妒，曾深深地伤害过他，应该是指暑假三人出游事件。在这些零零碎碎的日记中，还列了一个写作提纲：

1. 与玛尔特的关系……

2. 玛尔特讲述自己的不忠行为。

3. 萨尔茨堡和因斯布鲁克：滑稽剧、房间和信。离开时脑子正在发烧。

对于习惯社交生活的加缪来说，这段疗养生活，是如此漫长。他在法国的普罗旺斯住了一阵，又辗转去了马赛，然后，又从马赛转乘火车去了意大利。这段孤独的旅途中，他把一切的感受，都一一记在日记上，他写道：

8月份，仿佛是一个转折点，如同一次醒脑清肺的深呼吸，然后，用一种巨大的勇气，去化解一切。

一定要走进真实的生活中，或创造，或流着泪生活，如同站在长满柏树的山坡上，像那山丘上美丽的蓝房子一样。

从普罗旺斯辗转去马赛的路上，加缪到底经历了一种怎样的心理跋涉，这对他来说无疑是一个考验，也是一个沉淀的良机。

加缪的老师让·格勒尼埃，很喜欢一个叫卢马兰的村庄，在加缪成为他的学生前，他曾在这个村度过了一个难忘的季节。之后，让·格勒尼埃还为卢马兰写了一篇文章。加缪无疑读到了这篇文章，并且受到了老师的影响，也对这个地方早就心生向往。在获得诺贝尔奖后，他终于有钱买房子了，他也因各种机遇，决定在卢马兰买下属于自己的房子。

命运仿佛早就安排好了，一些事情悄悄从这个转折点发生改变，因为在他搬到卢马兰村后不久，他和朋友驱车去巴黎的途中发生了车祸，并因此结束了短暂的一生。

所以，这个1937年的夏天，其实暗含着一个重要的转折点。

第三章　阳光与阴影

1. "阿尔及利亚政坛上的一千零一夜"

人有时应该在与困难的较量中显出自己的本色。

——加缪

经过一段时间的疗养，加缪的身体状况明显变好了。于是，他又挥洒着热情，重新投入到政治和文化生活中，并且成为了一名有名气而又活跃的共产党员。尽管他的共产党员身份是秘密的，但是，实际上对各种政治活动的参与已不言而喻，他带头成立的文化之家，虽然只短暂生存了一段时间，却起了很大的政治的和文化的作用。

无论是作为学生、作家，或作为演说家、演员，加缪都扮演着出色的角色，并且令人赞赏。我们都有理由相信，所有事情的决定都出自他清晰的头脑，他有足够的判断力分析当前的政治局势。

他告诉老师格勒尼埃："我之所以决心加入共产党，是为了和像自己一样的人，并肩站在一起，站在阿尔及尔工人阶层的人民阵线上。"

实际上，要说他曾全力以赴为共产党的目标奋斗，那么，对于共产党未来的目标方向，他个人也是持一种怀疑态度的。他说："我们可以接受一个得益于人民，有利于共产主义的行为，但同时，对它持悲观、不确定的态度。"

刚刚加入共产党时，加缪会因周围人的影响，不自觉地仿效某些共产党的术语。也因此，他囫囵吞枣地、全盘接受了共产党的全部信条，加缪的朋友兼情敌富歇说，加缪曾指责他是一个社会叛徒，"社会叛徒"这个贬义词，一般是共产党对社会党的称呼。加缪的原话是："总而言之，你现在彻头彻尾属于一个改良党，而改良主义，十足就是法西斯主义的温床。"

那时，加缪并非马克思主义者，因为那时的他，还没认真读过马克思的理论，不过当有人激怒他时，他就会说："他们不懂得生活。"

而现在，加缪将与和他同一社会文化层次的同志进行真正的接触。阿马尔·乌茨卡那是共产党的秘密党员，他是阿尔及利亚反法国暴动的秘密领导人，在一次地下活动中被逮捕。直到阿尔及利亚独立的那一天，乌茨卡那才被释放出来，并担任了政府部长。

不久之后，后来又作为独立国家的官方代表，参加了美国总统肯尼迪的葬礼。于是，人们满怀崇敬地把乌茨卡那称为"阿尔及利亚政坛上的一千零一夜"。

在乌茨卡那被捕前，加缪与他相遇了，那时乌茨卡那正率领阿尔及利亚代表团在莫斯科参加完共产国际大会回国后不久。另外，值得一提的是，在这次国际大会上，乌茨卡那是化名阿蒂尔·道敦进行演讲的，这恰好能够说明，共产党人在阿尔及利亚存在着危险。

乌茨卡那是《社会斗争报》的秘密编辑，在1934年成为阿尔及尔共产党的书记。早在1935年举行的第三国际的会议中，乌茨卡那就曾请求阿尔及利亚共产党独立。他作为地区联合会的书记，后又担任中央宣传书记，他努力建立反殖民主义统一阵线，还积极召集法国支持者，以及一些参加工会运动的领导人员。

从此，他不遗余力地组织码头工人、矿产工人、农业工人等人民的力量，并终止了自己在总工会的活动。1936年，乌茨卡那召开了一次重大会议，努力把这一运动纳入到人民阵线当中。

1937年7月，他又被选为市政参议员。乌茨卡那十分愿意听取普拉多·索利埃支部的意见，因为这是一个有名的知识分子队伍。而且这个支部，主要是由当地年轻的大学生、各领域艺术家组成，包括：

加缪、让娜·西卡尔、玛格丽特·多布朗、路易·米凯尔、弗雷曼维勒、一位画家、一位商务代理以及他那做药剂师的妻子等。

以上这些成员中，有一些是当地人，还一部分人是真正的工人阶级的成员。

乌茨卡那发现加缪对阿尔及利亚的阿拉伯人非常在意和关心。最令他感到吃惊的是，加缪比起其他欧洲人，似乎对阿拉伯文化更加了解，对人民的呼声更容易理解，并且没费太大力气，就完全学会了他们的语言。

因此，乌茨卡那鼓励加缪与阿尔及利亚的青年知识分子接触，引领他们走到"民族解放"的道路上来，并且在情况允许的前提下，把他们当中的先进分子接纳到党组织里来。

于是，加缪开始活动了，他以个人的名义频繁地与阿尔及利亚的青年作家和领袖接触。加缪回到党组织后，引起了党内朋友的热烈关注，为他的真诚与才华所折服，当他生病时，乌茨卡那和代表团一起去探望他，除了蛋糕和鲜花外，还有为他募捐得来的钱款。

然而，从1935年秋天至1937年11月这一段时间内，法国的政治形象和在法国殖民统治下的阿尔及利亚的政治形象，都在发生剧烈的演变，这是微妙的，但也是历史必然的演变。

加缪越来越感到惶恐不安，因为他已经发现，共产党和民族主义者之间已经出现了不可补救的裂痕。当年他负责吸收的一些阿拉伯青年，如今成了警方追捕的对象，一些成功逃脱的积极分子找到加缪，问他是否能够容忍这样的行为。加缪被气得全身发抖，党内人员试图说服加缪，语气是温和的，但特别强调，这时比任何时候都需要团结。

乌茨卡那发现加缪的骨子里，始终关心着阿尔及利亚人民的自由解放，这应该与加缪从小在贝尔库长大有关。因为这个鱼龙混杂的地方，就是民族主义的先锋地区。乌茨卡那注意到加缪正逐渐背离共产党发展的路线。

不久后，加缪收到了一封信，通知说他："以后不必再参加党的工作。"

加缪没有对这一决定提出上诉，后来，一位留在党内的阿尔及尔籍干部，在私下里承认，对于加缪，共产党无疑没有表现出足够婉转的态度，而另一方面，这位年轻人，虽然心怀诚意，但是对阶级斗争却一无所知。

2. 队友剧团

> 无论在什么地方，当一个劳动者赤手空拳面对坦克，
> 高喊他不是奴隶，我们怎么能无动于衷？
>
> ——加缪

加缪学会了不在日记中袒露个人的心扉，因此，我们对他被开除出党的失望心情不得而知，但他通过他的行动告诉我们，他在通过其他方式，朝着不同的方向，继续进行他的社会文化行动。

他重新去组织和计划关于戏剧的工作，另外他的小说《幸福的死亡》在这段时期，创作进度也大大跨了一步，并且已搜集了构成《婚礼集》这部书的内容。

当加缪与朋友路易·米凯尔谈到关于阿尔及尔的艺术发展空间时，他说道："也许，只有在巴黎才能找到共鸣。"

但是路易·米凯尔并没有回答他的朋友。接着加缪又说道："显然，您一定想问'需要有共鸣吗？'"

而此时，在巴黎，有一个人能对这个富有憧憬的贝尔库青年提供帮助。他就是阿尔及利亚总督政府驻法国的文化专员奥迪西奥，他早就听闻了加缪的名声，然而，当加缪决定去巴黎前，去信给奥

迪西奥，问他是否能介绍一份工作时，奥迪西奥客气又诚恳地告诉加缪，此时没有任何可以介绍的工作。

恰好此时，在阿尔及尔的一个工作机会到来了。阿尔及尔大学的全球气象学院主任让·库仑需要一个助手，他通过加缪的老师让·格勒尼埃问加缪是否愿意接受这份工作。加缪很快就答应了。因为无论在哪儿发展，首先要解决的就是生存问题，这就需要有一份稳定的工作。从而能够去写他想写的一切。

1937年11月，加缪开始了在气象学院的工作。这份工作的内容是，给阿尔及尔355个气候观察站，建立一份阿尔及利亚气候的完整档案。工作在下午4点结束。加缪工作得十分认真，他热情有效地完成每一项任务。

当加缪1938年9月30日离开这个岗位时，他诚挚地感谢了库仑，因为他在困难的时期帮助了自己。

度过了生存的困难期之后，加缪考虑一边重新安排自己的生活，一边在翡虚院继续写作。不久，他就和他那些好朋友们又组织起一个剧团，取名叫"队友剧团"。

这个剧团，不再具有鲜明的政治立场，加缪重新审视了现代戏剧的发展方向，并从中吸取艺术灵感，他想赋予剧情更多的思想内涵，而不再是宣传意识形态的戏剧，并力求用新的眼光去审视老的作品。

他们努力成为观众的朋友，并推出了每年20法郎的会员卡。成为队友剧团的会员后，观众可以享受25%的优惠，同时还能获得一份新的剧目。过去合作过的弗雷曼维勒继续帮他们印制了宣传页，而剧团的地址则是在出版人夏洛的"真实的财富"书店。

这次重新组建剧团，对第一个上演的剧目，加缪并没有选一个较为容易让大家接受的戏。他选的是西班牙文艺复兴时期费尔南多·德·罗维的著名小说《修女》，这部小说看起来不大适合舞台演出，因为是一部由十二章节构成的对话小说。加缪采用了法语编剧的剧本来排练，一共分四幕剧完成。

剧中年轻的英雄卡利斯特由加缪亲自扮演，好朋友让娜·西卡尔扮演中间人修女的角色。

和过去一样，画家玛丽·维顿负责服装，路易·米凯尔和安德烈·埃梅里负责舞台的布景设计。对于演员的名字，无论在演出的节目单，还是广告宣传册页上，都没有提及。

新剧《修女》预告在12月3日（星期五）和12月5日（星期日）公演。

队友剧团的剧友们开始排练不久，一位姑娘加入了剧团，画家玛丽·维顿作为介绍人，这位名叫布朗什·帕兰的写诗的姑娘，首先被介绍给诗人弗雷曼维勒。

"一位像您一样的诗人。"

两位年轻的诗人，逗趣地重复着这句带有讽刺和自嘲的介绍语，仿佛表示，彼此都有愧于拥有这个头衔。

布朗什·帕兰发现这里的气氛十分轻松，她往舞台观看时，看见所有的演员排练时，都是穿着便装，而且由一个皮肤白皙的高瘦青年指挥着。当加缪转身发现年轻的布朗什·帕兰时，他几乎马上就走下舞台，迎向布朗什·帕兰，对她表示热烈的欢迎。

就这样，这里聚集着一群年轻的男女，他们离开学校，或结束自己的工作后，就来到这里配合排练。

在《修女》公演成功之后，队友剧团的成员又重新在贝尼斯蒂的工作室集合，讨论下一个新的剧目。

最后他们讨论出两部剧目：安德烈·纪德的《浪子回头》和夏尔·维尔德拉克的《顽强号客轮》。这是两部截然不同的小说，前者将由加缪亲自改编成剧本，这次布朗什·帕兰同意扮演《顽强号客轮》里的泰蕾兹一角。泰蕾兹这个角色在形体上与布朗什·帕兰吻合，但气质上不相近，从克服与角色性格差异来说，布朗什·帕兰还算不上一个好的演员。

每周一、三、五的晚上，从18点半至21点，他们坚持不懈地在博尔德大礼堂进行排练。每次在这里排练，他们都要付20法郎的场地费。他们尽量控制开支，每场演出的预算，花费都尽量控制在500法郎以内。尽管票款能收回一些，但常常两场演出后，他们就债务缠身了。因此，当演出结束后，演员们都拿着帽子，走到观众席中，进行募捐。

由加缪领导的这个年轻剧团，人人都不计自身的名利，他们只想通过团队的努力，来表达真正的艺术，他们的共同目标就是，上演最好的作品。因此，人们可以在他们的节目单上看到这样的文字：

> 队友剧团今天献给观众的戏剧，内容不但毫不诱人，甚至有被鄙弃的可能。然而，戏剧的作用不是为了取悦观众，而是为了引导人们。

这次演出，受到了《阿尔及尔回声报》的大力支持，这是保守派的报纸，他们在文章中热情洋溢地写道：

> 队友剧团的年轻演员们经过坚忍不拔的努力，终于取得了应有的回报，对这种成功，我们应该报以最热烈的掌声。

加缪带着他的队友剧团，组成了一个和谐团结的群体，用智慧和艺术，去尽情演绎，带着充盈的幸福感，全力以赴地去完成感动我们的戏剧，他马上进入了表达精神食粮的境界。

3. "真实的财富"书店

> 最大的罪孽是肤浅。
>
> ——加缪

一群地中海的青年，聚集在一起，他们通过讨论，准备创办一份从文学上体现地中海人文精神的杂志。他们还打算，把几位有文学素养的老者联合起来，作为这份杂志的参谋，他们一致决定把刊物命名为《海岸线》。

封面由安德烈·埃梅里构想并设计，画面以大海的蓝色作为基调，画中展现的是地中海迷人的海岸沿线。

这份杂志的编委包括：加缪、奥迪西奥、弗雷曼维勒、勒内让·克洛、让·伊捷。这份《海岸线》杂志的副标题为《地中海文化杂志》，这个副标题很好地体现了杂志内容的中心纲领。杂志每年出版6期，由过去合作的出版人夏洛负责出版发行。其实，创办这份杂志是夏洛的初衷，加缪知道后，马上赞同，并很快就行动起来了。

加缪在对《海岸线》杂志写介绍文章时，写道：

> 这一本杂志的诞生，不是为了迎合某种要求。它寻求的是，一种本身就存在着的文化定位。你们将会看到，一个洋溢着青春朝气和激情，并且为了人类及其作品的运动，已经沿着我们的海岸线诞生。这个运动迫不及待地表现在：戏剧、音乐、造型艺术、文学等各个领域。

《海岸线》是自成一家的，不代表任何学派。文章的质量是他们的唯一标准，自由就是他们的口号。他们希望把阿尔及尔的人们从狭隘的种族主义中解救出来。然而，这种种族主义，又衍生出许多地区主义。因此，这种探索无疑存在着很大风险。

在1938年的圣诞前夕，《海岸线》迎来了第一期的出版。内容大致有：布朗什·帕兰（一首诗）、奥迪西奥（一首诗）、让娜·西卡尔（一篇译文）、弗雷曼维勒（小说）、于勒·絮佩维埃尔（一篇译文）、安东尼奥·马沙多（一篇译文）等的文章。当然，还有专门的版面，用来刊登队友剧团的宣言。

然而，当出版到第三期，《海岸线》就被勒令停止发行，因为这一期中，有一篇纪念诗人加西卡·罗尔卡的文章，而西班牙佛朗哥派别认为这位诗人是反政府的，他们下令没收和销毁有关他的所有作品。这样一来，夏洛的出版发行活动便遇到了很大的困难，致使《海岸线》被迫长期中断发行。

这段时间，加缪在夏洛的"真实的财富"书店度过的时间越来越多，他经常在书店里查阅各种新的文学杂志，和随时关注新出版的书籍。

起初，加缪是通过会员卡借阅书店里可以外借的书，后来，渐渐地他成了夏洛书店的来稿审读员，并且很快，他就成了出版商夏洛的主要文学顾问，加缪可以给他提供有价值的参考意见，后来夏洛干脆在书店的阳台边给加缪设立了一张办公桌。

不久后，由加缪主编，夏洛出版的一套系列丛书成功发行，加缪可以按照丛书作品的销售额来分得提成。

加缪审阅来稿的速度惊人，同时，他会作一些批注，让夏洛参考。他的批注和评语生动、尖锐、直接，对作品的好赖直言不讳，不过，如果一本文学质量不算高，但从商业角度看，能够有销路的话，他也不会弃之不用，因为加缪明白，出版人夏洛也是要为利润考虑的。

夏洛的这家小书店，同时也是他的出版社，位于沙拉路上，长10米、宽5米，形状像一条过道。二楼是办公室，楼下是书店，书店从拂晓开门，一直营业到晚上10点左右，像这样的书店在阿尔及尔只此一家。

据加缪的朋友富歇回忆：

我们总是去"真实的财富"书店阅读一些我们无力购买的新书，因为我们没有多余的钱购买书籍，实在是囊中羞涩。然后，我们会一起去附近的酒吧，喝传统廉价的茴香酒。夏洛的书店无疑是阿尔及尔文化生活的一个轴心，是他发现了像罗布莱斯等一些杰出的作家。

在1938年年初，当夏洛计划出版第一期《海岸线》时，他还出版了加缪的老师格勒尼埃、富歇、弗雷曼维勒、奥迪西奥、克洛等作家的一些作品。

正是在这里工作，加缪结识了杰出的作家罗布莱斯。有一天，夏洛把罗布莱斯寄来的手稿《行动》给加缪看。加缪看完后和他相约在书店见面，在这次见面中加缪开门见山地把话题引到小说的情节上。最后，由于夏洛习惯于发行小篇幅、字数少的作品，显然罗布莱斯的《行动》过于庞大，于是夏洛把这份手稿送到阿尔及尔另一个出版商那里出版。这本书于1938年正式出版。

罗布莱斯在认识加缪之前，看过他在队友剧团演出的《修女》，但那时，他对加缪仅限于知其名，而不知其人。他被加缪执导的《修女》所表现出的才华深深地折服。由于这种文学上的相互欣赏，两个年轻人自然而然就成了好朋友。

从这时起，阿尔及尔文化圈里涉及的很多事情中，他们都站在一起，成为默契的合作伙伴，与这样一些目光敏锐、文学见解接近的年轻人一起，加缪本人的作品也日渐成熟起来，当剧团演完《卡拉马佐夫兄弟》后，加缪的视线暂时离开了剧团的创作。

1938年6月，加缪在日记中列出了近期准备实施的计划。以下我们可以看到他粗略的安排：

1. 重新写小说

2. 创作第一个剧本《卡里古拉》

3. 撰写一本论著《荒谬》（这就是加缪后来著名的《西西弗斯的神话》）

同时，加缪还准备写一些有关意大利佛罗伦萨及有关阿尔及尔的"地中海风格"的作品，并准备把这些文章在第二年春天编入他的《婚礼集》出版。另外，这部《婚礼集》里还有一些关于每周40小时工作制的研究文章和一些戏剧方面的文章。

这篇关于"每周40小时工作制"的文章在秋天完成，这是一篇为争取更人道的工作时间，向社会大众发出的呐喊，文中加缪遵循了尼采的"一个人，如果在一天中不能自己支配三分之二时间，即是奴隶"这一原则。文章擦亮了人民大众的眼睛，也揭露了当时剥削劳动力的制度。

4. 第二任妻子

在早晨的太阳下，空中摇荡着一种巨大的幸福。

——《蒂巴萨的婚礼》

突然有一天，加缪急匆匆地跑到朋友贝尼斯蒂的画室，一冲进画室，就大声喊道："快借我一件衬衫，还有您的凉鞋！今天，我终于体验到了生命的奇遇，太美妙了！"

也许，在这个世界上，唯有被爱情击中的那一刻，才会散发出如此迷人的激情，而此时，这个年轻人的脸上正洋溢着爱情的光辉，他把自己打扮成一个英俊又富有魅力的王子，他用心地把头发卷成一个个富有弹性的环状，还把露在凉鞋外的脚趾，涂上了亮亮的指甲油。

这位美丽的姑娘，无论从哪一方面都让加缪为之倾心，自从和西蒙娜分居后，他仿佛喜欢凌驾在身边无数的女人之上，然而却没有一个姑娘，让他觉得必须向她求爱，并且热烈地渴望把这种求爱发展到步入婚姻的殿堂。

就在此时，这样的一位姑娘出现了。

其实，这个名叫弗朗辛·富尔的女孩，早在好多年前就与加缪有过一次短暂的见面，弗朗辛的数学很好，她在一所一般情况下只招收男生的中学上课。一天她的好朋友莉莲告诉她，哲学是一门不同寻常的课程，而且这门课还因阿尔及尔大学里的热内·普瓦里耶教授而变得与众不同。

于是，莉莲和弗朗辛在阳光明媚的一天，走进了普瓦里耶教授的教室进行旁听，这时的弗朗辛看到了当时已有名气的加缪坐在第一排，在他的身边，坐着一个从穿着上看不像大学生的青年女人。这个年轻的女人显然就是加缪新婚不久的妻子西蒙娜。

莉莲向加缪介绍了弗朗辛，这次短暂的见面并没有激起任何涟漪，时间就这样过去了。不久后，弗朗辛去了巴黎费奈隆中学学习数学，在这所中学里学习的学生，几乎都被认定能跨进塞夫尔女子师范学院继续深造。

对加缪这个名字，弗朗辛听到的次数越来越多了，因为与弗朗辛姐姐同班的好友，正是和加缪同租翡虚院的玛格丽特·多布朗。

1937年暑假将要结束，弗朗辛在老家奥兰度完假后，来到了阿尔及尔，并在翡虚院小住了几天。来到翡虚院后，她马上被这里的环境和氛围迷住了，在这所面对大海的房子里进进出出的，都是阿尔及尔有名的杰出文学青年，她目睹了他们自由自在的生活方式，情不自禁地被这里的一切陶醉了，然而，此时的她，马上就要回到巴黎继续她的学业。

虽然弗朗辛已回到巴黎学习，但她的心还留在了翡虚院。一开始，加缪对这个聪明又美丽的姑娘就表现出一种超出友谊的关心。短暂的分别后，他们开始不停地给对方写信，以解相思。到了1938年6月，暑假又到了，虽然在朋友们的要求下她来到了阿尔及尔，可是并没有逗留很长时间，因为这时，她要为进塞夫尔女子师范学院而努力。

巧合的是，弗朗辛的父亲和加缪的父亲一样，都是朱阿夫兵团的一名士兵，并且弗朗辛的父亲也在1914年12月17日的马恩河战役中阵亡。她的父亲阵亡，抛下了一贫如洗的妻子和三个女儿，三个孩子一下就成了战争受害者，和加缪一样国家给补贴一些教育的钱款，弗朗辛的母亲在邮局找到一份工作，以此勉强维持生计。

弗朗辛是在父亲阵亡前一个星期出生的，她的父亲曾是一个工程承包人，奥兰港口有一部分建筑就是由他负责带领团队建造的，他还建造了拱廊式建筑风格的居民楼群，弗朗辛和母亲及两个姐姐就住在其中的一幢楼房里。

有一天，弗朗辛从学校回到奥兰的家里，告诉母亲和两个姐姐自己准备嫁给阿尔及尔的一个年轻作家，她说他虽然有结核病，但不算太严重。母亲和两个姐姐听完哈哈大笑，不太相信。因为在三个孩子中，小女儿弗朗辛聪明美丽，一直以来拥有众多出色的求婚者。而现在，弗朗辛竟然选择一个结过婚，并且身有疾病的年轻人。

两个姐姐争着要看加缪的相片，弗朗辛把照片拿给她们看，亲人们便开始评头论足起来，姐姐克里斯蒂安娜笑着说他长了两只兜风耳，活像只猴子。

弗朗辛笑着反击道："猴子是最接近我们人类的动物。"

母亲拿着照片看了又看说道："我觉得倒像只长着一对大尖耳朵的狐狸。"

各种直白的评论，毫不留情地在这个不富裕的家庭中蔓延开来了。

当时偶然的一次小插曲，消除了这家人对加缪的不满和抵触情绪。在1938年7月的一天，克里斯蒂安娜·加兰多（翡虚院的一员，老家在奥兰）让加缪看了一封她哥哥皮埃尔·加兰多给她的信，皮埃尔·加兰多在老家奥兰与别人合作农作物出口的生意。

信中语言真挚，显示出皮埃尔与众不同的人格魅力和敏锐的洞察力，看完信后，加缪突然很想认识写信的人。

见面的机会说来就来。那一天，皮埃尔·加兰多的女儿被得了狂犬病的猫抓伤了，皮埃尔·加兰多亲自带女儿来到阿尔及尔治病。

加缪接待了他们，他发现皮埃尔·加兰多身材魁梧，十分粗壮，大脑袋，满脸红光，一双"西班牙人黑色的眼睛"闪闪发亮，脸上的胡子仿佛从来都刮不干净。他犹如拳击手的体格，让加缪印象特别深刻，而且皮埃尔·加兰多性情冷静，说话简练，在与他交谈的过程中，他竟然可以连续15分钟保持沉默。

皮埃尔·加兰多十分聪明，但是文化和社交才能并不强。在他的身上，有坏孩子身上的某些共同的特征。他们喜欢给别人看自己叼着雪茄的照片，以显示自己是天不怕地不怕的男子汉。在加缪后来的小说《局外人》中，就有类似的一个人物形象，读者们纷纷猜测这是从皮埃尔·加兰多的身上得到的启发。

另外，在现实生活中，皮埃尔·加兰多切切实实帮了加缪一个大忙，他从阿尔及尔回到奥兰后，像个热心的媒人一样，费尽心思对弗朗辛一家说了很多好话，因为皮埃尔·加兰多兄妹和弗朗辛一家都是奥兰人，而且彼此认识。

最终，弗朗辛一家接受了加缪，并答应把弗朗辛嫁给他。

5. 进入《阿尔及尔共和报》工作

在荒谬的经历中，痛苦是个人的。一进入反抗行动，痛苦则成为集体的，成为众人的遭遇。

——《反抗者》

1938年，另一个重要的人物，注定在加缪的人生中出现，他就是《阿尔及尔共和报》的创办人——帕斯卡·皮亚。

朋友富尔把加缪介绍给帕斯卡·皮亚时说："在我所认识的人当中，他最有能力当一名好记者，您不妨试用一下，看对您是否有帮助。"

很显然，对皮亚来说，加缪再适合不过了，况且因为是在阿尔及尔成立的一份新报纸，人手很缺，皮亚此时也别无选择了。

富尔让画家吉拉尔画了一些宣传画，让擦鞋童满大街发放。他们预定在10月1日出版第一期《阿尔及尔共和报》。

就这样，在阿尔及尔，除了《阿尔及尔回声报》（属保守派）和《阿尔及利亚快讯》（属右派）这两份日报外，如今出现了晨报《阿尔及尔共和报》（属左派）。这份新出现的报纸，将为社会主义者乃至共产主义者就各大国际事件和法国国内的新闻发表己见。除此之外，还专门介绍阿尔及尔的时事，并将人民阵线理论运用到殖民事务中去。

这份工作对加缪来说，是一份全职工作。每天，加缪从下午4点，一直干到晚上11点。他和另一位同事负责收集阿尔及尔当地的重要时事和新闻。有时，他甚至需要去旁听一桩诉讼案，并亲临凶杀的地点。另外，各种游行、骚乱、事故现场都可以见到他的身影。

报纸的总编皮亚，很快就发现了这个年轻人犀利的文风。与其他报纸一样，当记者完成一次深入的调查，并对此事件作了某些特殊的努力，或鲜明地表达了某个尖锐的观点后，他所报道的文章的后面就可署自己的名字。毫无疑问，加缪作为一名记者，他的名字很快就见报了。

皮亚告诉加缪，他可以写一些图书简评，这正合加缪的心意。在10月9日那一期报纸上，便出现了第一篇署名为"加缪"的文章。这是一篇题为《读书沙龙》的评论，从全文来看，加缪阐述了一个明确的原则，那就是，有关他的所有书评将完全尊重原著，并且不带任何政治色彩的观点。

在这篇文章里，加缪评论了几个作家的重要著作，如萨特的《恶心》和《墙》、纪德的《伪币制造者》、让·吉奥杜的新书，还有阿尔托斯·赫胥雷、若尔热·阿马多的著作。

因为报社刚刚起步，需要在很多细小的事情上花上极大的精力，皮亚会花上十几个小时，亲自在版台上一行一行地校样。他甚至连一些无关紧要的小广告也不放过，也许刚开始他还没能与员工建立起信任，这时的他，对那些业余的校对员是很不放心的。

10月12日，加缪发表了首篇新闻题材文章《反社会法论》，文章的内容主要是想说明人民政府许诺工资上涨调整，并没能刺激人们的购买欲。其中原因是，物价上涨的速度同样飞快。

在加缪发表的文章中，人们常常看到"苦难"这个词，当阿尔及尔的市长因为政府的工作人员参加工会活动，而把他们解雇时，加缪就被解雇员工对家庭引起的后果，发表观点道："然而，罗兹先生很显然不懂得这么做的后果，他不懂得苦难是不分党派的。"

假如说在阿尔及尔的法籍工人在承受着巨大的压迫，那么，当地人的生活条件，则是更为糟糕的，每年1月1日，政府给穷人发放食物的时候，加缪对此在报纸上发表文章写道：

在一天之内，贫穷是不会消失的。但是，凭良心说，我还未曾见过哪个民族，像阿拉伯民族这样可怜的欧洲民族……

而政府要做的是，努力消除这种极端的贫富差距……

此时的加缪，正好25岁。可以说，这份工作，是他人生第一次真正担当起成年人责任，他感受到一种从未有过的使命感。

接着，他开始尝试一般来说只有行业老手才会撰写的新闻报道。例如，社会高度关注的热点、政治问题的调查报告及一些重大的刑事案件等。

很快，加缪作为一名有良心的记者，加入到一件复杂的案件中去。

1936年8月2日，大穆夫提（阿尔及尔的宗教领袖）被暗杀了，案发的时候，正逢当地激进分子与人民阵线发生激烈冲突。被杀害的大穆夫提是保守派，他代表殖民统治的一方。改良派的领导埃尔·奥克比被作为嫌疑对象，马上就被逮捕了。

加缪得知此事并了解到真相后，迅速在《阿尔及尔共和报》上发表文章，指出对埃尔·奥克比的起诉证据不足。他写道：

1939年6月25日

关于大穆夫提被杀一案，三年来，检察官没有取得新的进展，相反，他忘记了很多重要的事情。就在昨日，一些爱好自由的人士及欧洲的和平分子，纷纷强烈表示他们坚信埃尔·奥克比先生是无罪的。

1939年6月27日

代理检察官不再坚持对埃尔·奥克比先生的无理起诉。

1939年6月29日

法庭承认并宣告，埃尔·奥克比无罪释放。

作为一名有良心的自由主义者，加缪虽然一直相信，埃尔·奥克比在这次恐怖的活动中是清白无辜的。但是，加缪不会，也不能够了解到这个时代民族斗争的真实面貌。正如他当初被开除出党，阶级斗争要比他想象的复杂得多。

事实上，埃尔·奥克比很可能是有罪的，因为他完全可能就是这次谋杀的策划者。他或许雇用了一名杀手，找适当的时机去刺杀了大穆夫提。但当局基于找不到充分的证据，只能把他释放。

尽管《阿尔及尔共和报》掀起的这些运动和波浪，让当局感到非常头痛，然而报纸的发行量始终没有飙升。原因是，对大多数阿尔及尔人来说，《阿尔及尔共和报》是一份新的报纸，它大抵只能当一份"候补"报纸。而当地有两份大日报，仍然是他们的首选，或许，他们有时在买了两份日报后，也会顺便买上这份报纸，仅此而已。

而报纸的一些股东认为《阿尔及尔共和报》太过激进，无视传统观念，这让他们觉得有所顾虑。那么，《阿尔及尔共和报》这么支持当地人士的自由运动，是否也因此赢得他们的青睐呢？也没有。

后来主编皮亚估计，是因为报纸用"先生"来称呼当地阿拉伯的自游爱好者，他们反而觉得有被嘲弄的感觉，因此，大部分人还是按照习惯，购买相对保守的《阿尔及利亚快讯》。

6. 局外人

> 不管怎样，一个人在这么多人中间走着，总让人有一种奇奇怪怪的感觉。
>
> ——《局外人》

1939年，尽管依旧生活在政府的独裁统治下，但对加缪来说，他仍然相信生活是美好的，未来是充满希望的。

加缪还计划和心爱的姑娘去一趟希腊旅游，因为目前在《阿尔及尔共和报》工作，使他快要筋疲力尽了。每天，他都要和法院、警署的人打交道。这种无休止的高度紧张状态，使他精神变得压抑，他觉得需要放松一下身心，他渴望从阿尔及尔一直驶到希腊，这段海上的生活，他确信可以让自己平静下来，并思考接下来应该怎样进行自己的文学创作。

决定去旅游后，他辞掉了报社的工作。这些天，加缪一直沉浸在旅游的兴奋中，他还打电话催促弗朗辛，让她去买背包。另外，对古希腊文学作品的沉溺，尤其是希腊神话和传说，让他对这次计划充满了期待。整个8月，我们可以从加缪的日记中看到，除了一段摘录文字，其余的全是关于希腊的。不过，他也预计到这次出游的艰险，因为就当时世界的局势来看，战争一触即发。

果然，就在他们马上要动身时，第二次世界大战爆发了。因此，他们美好的希望落空了，他们不得不扫兴地中止了这次旅行计划。

加缪回到了翡虚院，继续在那张简陋的小桌子上不停地写作。每天陪伴在他周围的，是两只叫卡里和古拉的猫。战争使得他的出版合伙人夏洛应征入伍，夏洛的太太照管着书店，加缪时常去帮助她，给她一些订购新书的建议等。

有时在翡虚院的木桌旁，有时在夏洛书店的阳台上，有时在安静的咖啡店里，加缪正在加紧创作他的"荒谬"三部曲：《局外人》、《卡里古拉》、《西西弗斯的神话》。这段时间，他的写作有了很大的进展。

有朋友回忆道：

一天加缪和路易·贝尼斯蒂在一家咖啡厅里谈话，忽然走过来一个人与他们打招呼，这是一个不出名的小画家，过着极其放纵散漫的生活，他名叫索弗尔·加利罗。加缪他们得知加利罗的母亲刚去世，都向他表示了哀悼。

让他们感到意外的是，加利罗对此似乎并不在意，并告诉他们，在参加完母亲的葬礼后，他就和女朋友去了电影院。

加缪仿佛灵光一闪，他悄悄地告诉贝尼斯蒂，《局外人》第二部分的内容已经有了。就像我们从加缪的《局外人》里看到的一样，他把这个真实的素材运用进去了，而且通过白描般平实的手法进行刻画，让人读来更加真实可信。

除此之外，《局外人》能够顺利创作，还归功于另一个人，那就是皮埃尔·加兰多。加兰多就是前面讲到的，帮助加缪说服了弗朗辛家人的那个大块头，也就是后来搬进翡虚院，和加缪他们一起合租的克里斯蒂安娜的哥哥。

加兰多夫妇在离奥兰10公里的海滩边租有一套别墅。有一次，加兰多夫妇和朋友们在海滩度假时，一个朋友的妻子遭到一个阿拉伯人搭讪，随后双方发生了激烈的斗殴，他的朋友被捅伤嘴巴后，冲回别墅跟加兰多要枪，并和加兰多一起回到海滩找阿拉伯人算账。找到阿拉伯人后，双方又僵持了一阵，最终没有开枪。

以上这个发生在加兰多身上的真实故事，被加缪写进了《局外人》中，并且在小说里，主人公默尔索开了枪，阿拉伯人死了。加缪把默尔索塑造成一个荒谬的人，小说中，主人公默尔索在母亲死后的第二天和一个姑娘发生关系，还看了一部搞笑的滑稽片，接着和朋友去了海滩的别墅度假，并且仅仅只是因为阳光的刺眼，就杀了一个阿拉伯人。然后，他像一个局外人，没完没了地接受审讯。

然而，对主人公默尔索来说，坐牢仿佛也是无所谓的，他仿佛一团冷漠的阴影，加缪通过默尔索说道："一个人，哪怕只在世上生活过一日，那么，他就可以毫无困难地，在监狱里待上一辈子。"

在加缪的日记中，对《局外人》中三个人物进行了安排，他写道：克里斯蒂安娜（加兰多的妹妹）、皮埃尔·加兰多，还有他自己。小说的主题：关于"荒谬"。

《局外人》完成后，加缪把稿子寄给他的老师让·格勒尼埃，老师马上就察觉到，这部中篇小说，应该是受到了卡夫卡作品的影响。然而，加缪回信说，他再也不需要卡夫卡，他说他在《阿尔及尔共和报》工作时，积累了很多关于法庭的经验。他试图为这篇小说总结道：

> 在我们的社会中，如果在自己母亲的葬礼上不流泪的人，都有被判死刑的危险。默尔索拒绝做游戏，他只是一直在拒绝撒谎。对我来说，默尔索不是一个落魄的人，他虽然冷漠、贫穷、一无所有，但他的内心，仍然热爱太阳，拒绝阴影。他的敏感性超乎寻常，他渴望绝对的真理。

格勒尼埃对加缪的这本新作，相对持否定态度。他第一次和他的学生发生了分歧，并且因此产生了距离。

在他加紧创作"荒谬"三部曲时，世界大战正一片混乱，阿尔及尔共产党开始反战斗争，因为苏联与德国刚刚达成共同分割波兰的协议。

斯大林期望通过这个协议，能把苏联置身在战争的冲突之外，因为他知道，他的新盟友希特勒，将会肆意地攻击西欧各个国家。

而此时，加缪的立场并没有受到共产党的影响。他虽然主张非暴力，但也非教条式的和平主义分子。当加缪身边的朋友都应征入伍后，他也不顾身体的虚弱，多次希望能够加入军队。然而，一次又一次，他都遭到了招兵办公人员的拒绝。随后，他只好打消了这个念头。

对这件事，他始终耿耿于怀，在日记中他写道：

> 中尉说："这年轻人的病太重了，我们不能收编他入伍。"随后，他又为自己辩白道："我已经二十六岁了，这段苦难的人生，足以让我彻底地明白，自己想要的是什么。"

7. 世界缩小了比例

> 我大喊我什么都不相信，一切都是荒诞的，但我不能
> 怀疑我的呼喊，至少应该相信我的抗议。
>
> 我这样便在荒诞经验之内得到了最早的唯一明显事
> 实，即反抗。
>
> ——《反抗者》

加缪给老师让·格勒尼埃写信说，自己想参军，不是等于接受
了战争，而是不想把自己的病当作挡箭牌，他表示希望能够奔赴前
线，给他的战士朋友们声援。他在1939年9月7日的日记中写道：

> 野兽统治的时代开始了，此时此刻，我们都能感受
> 到，在人类身上不断膨胀的暴力和仇恨。在那些人身上，
> 任何纯洁的东西都已销声匿迹。如今，我们所遇见的，全
> 是一群群的兽类，都是侵略者野兽般的丑恶嘴脸。

战争爆发后，《阿尔及尔共和报》被查封，总编皮亚回到了法
国巴黎，在《巴黎晚报》，皮亚找到了一份编辑秘书的工作。

那时，因为很多年轻人都去参军了，《巴黎晚报》一时人员
短缺。皮亚马上就向主编推荐了加缪。而对于加缪来说，只要有工
作，任何地方他都愿意去，况且，在那种战争的局势下，已不容他
挑三拣四了。

1940年2月份，他一边等待皮亚确定的消息，一般给零散的学生
补课，以攒够钱去巴黎。与此同时，他和西蒙娜的离婚案判下来了，
9月份开始生效，加缪终于恢复自由了，可以和弗朗辛再婚了。

3月份，传来了好消息，皮亚告诉加缪，让他在3月23日赶到巴黎，开始正式上班。不过旅途的费用，报社不能给加缪承担。

然而，来到巴黎，并不意味着自由和快乐，虽然这里的天空不那么阴沉，也没有淅沥不断的雨水，但也许这就是暴风雨来临前的寂静。从当时法国的战争形势来看，还处在马其诺的防线之内，仿佛比较安全。

不过自从德国占领了波兰、挪威之后，便更加嚣张地到处扩张。不出所料，到了5月，德国开始把魔爪伸向了荷兰，然后就会来到法国。到了6月初，德国军队长驱直入，摧毁巴黎所有的抵抗力量，于14日占领巴黎。

在这样的局势下，加缪面对《巴黎晚报》这样一台庞大冰冷的机器，仿佛只能充当一个无足轻重的齿轮。加缪的工作职称是编辑书记，不用写任何文章，最多也就是划分一下章节或对题目润色。他不用担心因为抄稿子弄脏手，因为他的工作处于编辑和版台之间，他负责排版，只要拿着样报，按编辑的意思，在版台上完成组版就可以。

不过在这里工作，虽然属于技术性的活，然而薪水已经比过去高了许多。

巴黎被德国占领后，巴黎人民的疏散可以说是悲壮的，在城市溃败前几个星期，《巴黎晚报》的主编就秘密派人去各省市进行考察，他希望能找到一个安全的地方，以便报纸的发行不至于中断。

6月11日，发行了最后一期《巴黎晚报》后，报社的合伙人都纷纷撤退了。《巴黎晚报》的大批车队，载着报社人员还有重要的特殊设备，往安全的地方紧急撤退了。

撤退的那个晚上，加缪与女校对员里梅特朗同车，由加缪来开车，车后座是《巴黎晚报》的另一个股东。

就这样，他们的车队浩浩荡荡行驶在阴森森的路上，他们足足走了一个晚上，那个股东还不停地与加缪聊天，害怕他打瞌睡发生车祸。当车子终于撤到安全地点克莱蒙的若德广场时，车子的散热器一直在冒烟，水用完了，油罐里一滴油也没有了。

突然，加缪发现，由于收拾东西太过匆忙，竟忘了带留在住处的《局外人》的稿子。他好不容易联系上皮亚，让他有机会回巴黎的时候，帮他去旅馆拿一下。夏天时，皮亚告诉加缪他要去一趟巴黎，但是，皮亚发现很多德国军队驻扎在旅馆，皮亚觉得这时去索要，实属太过冒险。

对于这次大逃亡，加缪在日记中写下了几句让人心痛的话：

克莱蒙。

疯人院和它怪异的大钟。

5点，窒闷肮脏的清晨。

盲人疯子们，在一幢大楼里，号叫了一整天。

——世界缩小了比例。

惶恐的人们，往两极奔散，大海或巴黎。

在克莱蒙，我们认识了真正的巴黎。

1940年9月，《巴黎晚报》安顿在法国东部的里昂市，没有人认为里昂是一座快乐的城市，但里昂算是个热闹的大都市。

报社设在罗纳河畔自由大道65号，这里原来是一间货栈。员工们只能住在对面靠近广场的一个小旅馆里，这个小旅馆之前是一家妓院。

来到里昂时，正值秋天，加缪已感到十分寒冷，这使他备感孤独，在这里，他不再是演说的主角，不再是被演员围绕的导演，也不再是组织盛会的领导者。里昂市冰冷、阴暗的秋天，让他时时惦念起朋友们的境况。

那时，他的大学同学利莲·舒克龙被剥夺了教师资格，因为当时的政府不允许一个犹太人当孩子们的老师。加缪又听闻，马尔罗被捕了，还有人说他失踪了。加缪还得到消息，他在阿尔及尔的老朋友马克斯·贝拉参加了青年共产党组织，后来在战争中牺牲了。

想到这些，无不使人感到悲怆。

《巴黎晚报》的一个同事阿达尔贝特说他想离开被占领的法国，去寻找自由运动的组织队伍。加缪帮助他顺利到了奥兰，然后，阿达尔贝特打算越过摩洛哥，然后到英国去。但是，由于加缪此时无法回到阿尔及尔，无法帮助阿达尔贝特实行下一步计划，阿达尔贝特最后只能放弃了计划。

1940年12月，弗朗辛来到了里昂和加缪团聚，刚到那天，气温达到了零下15℃。12月3日，加缪和弗朗辛结婚了。他们因为买不起金戒指，只用两个铜戒指作为结婚戒指。皮亚和勒涅夫到场祝贺，版台小组的四个同事也来了。他们很高兴受到邀请。"对我们来说，这是一种多美好的友谊见证啊！"

然而，没过多久，《巴黎晚报》自撤出巴黎的根据地后，进行了第三次大裁员。报纸的版面已经因为经费的问题，缩减到4个，另外那些应征入伍的老员工也纷纷回到了单位。由于加缪没有需要抚养的孩子，很快就成了被解雇的对象。

在这个凄凉、陌生的城市里，夫妻俩感觉再也没必要待下去了，于是，他们决定回到奥兰。

8. 回到奥兰

> 社会中，唯有理论上的平等掩盖了事实上的极大不平等，才有可能出现反抗精神。
>
> ——《反抗者》

1941年1月，加缪和妻子弗朗辛离开了法国里昂，他们坐上了一辆开往马赛的不带暖气的火车，然后按计划，再从马赛乘船去阿尔及利亚。然而，因为极端的严寒天气，火车被大雪困在奥朗日。

乘客们被迫在车站上滞留，幸好，弗朗辛在奥朗日认识一位老师，他们在他家过了一个晚上。旅程得以继续时，他们改变了计划，从马赛直接坐船去奥兰。这样就不用从马赛回到阿尔及尔，再从阿尔及尔坐火车到奥兰了。

当船在奥兰靠岸时，在加缪的心中，复杂的心情情不自禁地涌出来，让他觉得这个城市既迷人又令人厌恶。奥兰是一座完全缺乏文化氛围的城市，跟阿尔及尔恰恰相反。奥兰是投机的产物，满足于物质繁荣，市内的秀丽景区被过度开发。然而这是一片肥沃的土地，被称为阿尔及利亚的粮仓和果园。

加缪虽然住在奥兰，但大部分时间是在阿尔及尔度过的，重要的是他想在阿尔及尔找到一份工作。但是，尽管他向朋友四处打听，但在阿尔及尔，对他来说似乎不存在什么工作。加缪还试图和另一个朋友倒卖一些古董和零碎的玩意儿。

有一天加缪在邮局附近碰到了《阿尔及尔共和报》的老同事，加缪问他是否能帮忙介绍一份工作，这位同事只是摇摇头表示遗憾，因为他自己也只是个卖报员，根本帮不上什么忙。

妻子弗朗辛在奥兰当地的小学里，找到了一份替补教员的工作，工资十分低，而且吃的也很差，因为这时物价已在飞速上涨。

虽然没有工作，但是加缪并不缺乏事情做。1942年加缪的出版合作人夏洛被逮捕了，因为他在维希当局发动了一次针对左翼知识分子的运动。一个月后，一位神秘的朋友出来干预，夏洛很快就被放出来了，并恢复了出版社的工作。

加缪又来到夏洛的出版社担任出版顾问，主要是帮他的"诗歌与散文丛书"选编合适的书目。这时，加缪的朋友罗布莱斯也把最新的小说《天堂山谷》交给了他，加缪便承担了这部作品的所有出版工作。从审稿到印刷发行，甚至书刊的介绍，都是他亲自执笔的。次年，罗布莱斯又有新作，这部《人类之劳动》出版后，受到了很多赞扬。

在工作之余，加缪又与朋友们恢复了剧团，并且开始排演莫里哀的讽刺喜剧《堂璜》。一直以来，《堂璜》都是加缪很喜爱的表现主题。但在这样的局势下演这样的题材，会被认定是对当局的挑衅，队友们都认为是一种冒险，因为很有可能遭到禁演。

这期间，加缪虽然尽量扮演和平主义者的角色，但他还偶尔帮助一些参加抵抗运动的人，其实，从某个方面来说，他已经踏入了知识分子的抵抗运动中，这时，有朋友猛然提醒他，一旦被捕他很可能活不过审讯。

不过，此时的加缪人在阿尔及尔，因为他过去与人民阵线有过交往，当局早就把他盯得死死了。然而，加缪身边有不少朋友已成为了抵抗运动的积极分子。例如皮埃尔·加兰多。他常常把获得的有用情报，想办法传给美国驻奥兰的领事馆。有时，他还掩护美国的情报员上潜艇，好让他们离开。

弗雷曼·维勒和他的一位诗人朋友也在频繁活动，他们经常帮助一些想逃离政府统治的人，帮他们从阿尔及利亚转往摩洛哥，然后他们再辗转到英国伦敦，并与那里的抵抗分子会合，还有一些人会选择去美国。

后来，在阿尔及尔也形成一个分支的团体力量，许多想逃离阿尔及尔的人，都可以从夏洛书店作为出发点，然后坐火车去奥兰，再从奥兰前往卡萨布兰卡。

基亚罗蒙特是意大利反法西斯的评论家，自1934年起，就一直在巴黎避难，他曾经与马尔罗在西班牙并肩作战，后来，他认为马尔罗在立场应该强硬时态度上反而十分软弱，就与他断绝了往来。当德国人占领巴黎后，基亚罗蒙特的岳父母——来自奥地利的犹太人，他们双双含恨自杀。他的妻子在大逃亡时，死于肺结核。

基亚罗蒙特通过法国朋友的介绍，来到翡虚院请求加缪帮助他去奥兰，他想从那里去卡萨布兰卡，然后再从卡萨布兰卡前往美洲。

加缪在翡虚院接待了他，基亚罗蒙特意识到自己面对的是一位地方著名的作家，而且他显然在领导着一群积极有朝气的年轻人。那时，这群年轻人正在朗读《哈姆雷特》，加缪演的是哈姆雷特。加缪这时正想恢复剧团，他每次从奥兰返回阿尔及尔时，剧团原班人马和一大帮朋友就会聚集讨论今后的演出。

只要有可能，基亚罗蒙特就会加入到这群有意思的人中参与讨论。时机一到，加缪便把他带到了奥兰，并安排他住在自己奥兰的家里。

来到奥兰，基亚罗蒙特发现加缪和他一样热爱大海，他的行程计划进行得很顺利，当他在美国的纽约安顿后，给加缪寄来了一封信。不久，加缪就被警察叫去审问了，但加缪坚决不予承认。

恰好这时，加缪在奥兰找到了一份家庭教师的工作，于是，他便按部就班在奥兰安顿下来。在维希政权的统治下，犹太教师都被赶出公立学校，对犹太学生也实行一种配额制，即在7个学生中，只能有1个犹太学生。本来，在奥兰犹太人口就很密集，因此有些班级干脆把教员清退了。

加缪每个星期总共上20小时课，他在教学方式上进行了创新，比如在讲到莫里哀的戏剧时，让学生尝试去进行表演。不久，加缪又为另一家传统私立学校的学生们上课，时间一长，这种正常严谨的学校生活加缪感到压力越来越大。

他经常对罗布莱斯抱怨，现在这种规律的日子，让他感到很苍白，有些难以适应。而事实是，在这里加缪感到自己离戏剧远了，离文学圈子远了，离志同道合的朋友远了。

9. 荒诞三部曲面世

> 荒诞并不劝人犯罪，要不然就幼稚了，但把悔恨的无用性恢复了。
>
> ——《西西弗斯的神话》

1941年的一天，加缪从奥兰去了一趟阿尔及尔，到了阿尔及尔，他直接找到了出版人夏洛，问他是否能够将自己的荒诞三部曲合成一本书出版。荒诞三部曲包括：《局外人》、《西西弗斯的神话》、《卡里古拉》。加缪说，如果将这三本书合在一起出版，他将可以了结"荒诞"的问题，然后就可以开始新的写作。

然而，夏洛给他的回答是：不可能。他说一是自己没有这么多资金出这么厚的一本书，二是这几本书是酝酿多年的心血之作，得在巴黎的出版社出版，才能获得更大的影响力。

于是，加缪找到了巴黎的皮亚，皮亚让他先把书稿寄过来。1941年4月，皮亚收到了加缪从奥兰寄来的《局外人》和《卡里古拉》的手稿。皮亚把这两部手稿给一个作家朋友蓬吉过目，蓬吉看完后大加赞赏，认为这是很了不起的作品。

这时，住在奥兰的加缪也加紧把《西西弗斯的神话》结稿，皮亚收到完整的三部曲后，通过辗转的关系，于9月底，终于交到了伽利玛出版社。

9月底的一天，在伽利玛出版社的大楼里，正召开波朗（出版社的顾问）主持的周会，会议一开始，波朗就直入主题，他向文学审阅委员会的成员宣布："我刚刚读完一位来自阿尔及尔青年人的手稿，在这里，我想把其中的片段给大家读一下。"

于是，波朗拿起加缪的手稿朗读起来。最后，他放下稿子总结道："自然喽，我的意见是出版该书。"

参加这次会议的成员有：阿尔贝·奥利维耶、雅克·勒马尔尚、贝尔纳·克勒埃蒂森、拉蒙·费尔南德斯、雷蒙·格诺及布里斯·帕兰。

主编加斯东·伽利玛也发表了自己的意见，他表示毫无保留地同意波朗的意见。加斯东又让秘书把手稿拿给宣传部的格哈德·黑勒中尉过目，这位中尉是法国被德国占领时期，出版事务德方的主要顾问。

秘书转达了主编加斯东的意思，说想知道中尉对这本书的看法，并想了解一下，如果出版，是否会违反审查的要求。

中尉拿到书稿后，就兴致勃勃地读了起来，一直读到次日的凌晨4点，他惊讶地发现，这些作品能够让当代文学迈进一大步。

天一亮，中尉就打电话给伽利玛出版社，通报他赞同出版，并表示，若出版过程遇到任何困难，他将提供一切支持。

于是，伽利玛出版社准备立即出版加缪的《局外人》。11月，加缪在奥兰收到了出版的好消息。不过他原本希望的是，把三本著作作为一个系列一起出版，不过从当时的情况来看，因为纸张匮乏，这么做，显然不现实。

12月，伽利玛出版社给加缪预支了5000法郎的稿费，1万册内提成10%，1万册以上提成12%。再版时，与法国出版商的行价一样，提成5%。

伽利玛出版社还答应，尽快出版《西西弗斯的神话》，到了第二年，即1942年3月，加缪得到了好消息，书稿最终敲定出版。但是书中关于弗兰茨·卡夫卡的章节得删掉。至于《卡利古拉》最终也于1944年出版了。

对于出版的整个过程，可以说身在奥兰的加缪，对事件是完全失去控制的，连他身在巴黎的好朋友皮亚也如此。由于加缪远在奥兰，伽利玛出版社的顾问波朗便替他校了清样。

虽然加缪对书稿的命运难以把控，但是，他对巴黎发生的一切还是很清楚的。此时巴黎的《新法兰西杂志》质量在下降，德里厄·拉罗歇尔感到有些泄气，他打算辞职，把杂志交给一个没有政治干预的编辑委员会。

1942年3月，加缪收到了波朗的来信，信中询问他是否可以在《新法兰西杂志》连载他的小说《局外人》，波朗还邀请加缪写文章投稿到这个杂志社。加缪读完信后，有些犹豫，他不知道是否应该接受波朗的建议。一方面，他知道这份杂志得到德国纳粹支持的，另一方面，他也知道这是一份文化精英的刊物，不是谁都能在上面发表文章的。

最后，加缪还是决定，放弃在这份属重量级的杂志上发表作品的机会。回信中他说，他表示了对波朗的信任，但是也希望波朗能够理解他。

1942年6月15日，《局外人》终于面世，一共印了4400册。7月26日朋友马尔罗告诉加缪，他在蓝色海岸书店的橱窗看见书正在出售。不久，伽利玛出版社给加缪去信，提出与《局外人》相同的条件出版《西西弗斯的神话》，加缪回信表示同意，于是在同年的10月16日，这本书也得以问世，印数为2750册。

《喜剧》杂志，是人们希望在巴黎看到的那种杂志。它的宗旨是宣传戏剧、文学、音乐，以及文学艺术界的重要人物，并使人们感觉到正常的生活照旧进行着。1942年7月11日，这本杂志首页上有两栏介绍道：

一位出色的作家诞生了……

他就是来自阿尔及尔的青年人，

——阿尔贝·加缪。

这篇文章的作者是马塞尔·阿尔朗，他既是《喜剧》杂志的固定合作者，也在为《新法兰西杂志》工作，同时还担任伽利玛出版社的顾问。加缪的老师让·格勒尼埃是他的朋友。

另一份《南方杂志》是无可争辩的中立刊物，在1943年2月的那期《南方杂志》上，刊登了法国作家保罗·萨特的一篇题为《局外人之解释》的文章，这篇文章的发表，足以让加缪的作品获得成功。

萨特在文章中写道：

> 《局外人》是一部经典的作品，同时，它又是一部理性的作品，它是为荒诞及反荒诞所写的优秀作品。它令我想起伏尔泰的哲理小说，我不赞同有些评论所说的"海明威写的卡夫卡"的观点，因为，从小说里，我们可以发现加缪先生的思想是实际的。

自从加缪的两部作品发表以来，各界的评论好坏不一。当然，在这段战争期间，谁也无法保证在法国能够得到客观的文学评论。然而，在巴黎这个大城市，加缪作品的出现，确确实实地影响了法国的文学界。

10. 创作《鼠疫》

> 凡罪孽都是致命的，一切冷漠都是犯罪。不是全有，就是全无。
>
> ——《鼠疫》

在那段时期，假如纸张充足，出版商是很愿意增加加缪作品的印数的，因为能够得到伽利玛出版社精英的认可，这样优秀的文学作品是一项极好的投资。

而加缪本人，只得到了一本自己的书，因为本来给作者的那些书，在运输的途中丢失了。现在加缪把生活在奥兰的所有时间，都用来创作一本新的小说。他试图努力寻找一个具有力量的象征，以此来支撑小说的主题。

他一边构思，一边认真反复地读了《莫比·狄克》（又译《白鲸》），这个有关凶残、狡诈和不可战胜的故事让他着迷。对文中一些强烈的象征段落，他在自己的日记中写道：

图像、情感，哲学内涵十倍地增加。

另外，也许读者还想知道更多《鼠疫》的创作根源。就当时的时代背景，到处都弥漫着硝烟、战争、占领，纳粹的思想非常猖獗。加缪的好朋友罗布莱斯报道特莱门森地区的肆虐的斑疹和伤寒病。很快，人们发现在加缪的日记中，记下了关于鼠疫题材的第一手材料。这时，他给小说的雏形起了个奇异的副标题，名为《具有拯救力量的鼠疫》。

显然，这个副标题具有相当矛盾的意图。其实在写作计划之初，加缪本想把疫情视为绝对的恶。但后来，经过天才戏剧家安托南·阿尔托的影响，他仿佛受到了启发。显然，他挖得更深了，他想告诉大家，鼠疫对人类具有杀伤力，同时，疫情也许有净化人类的力量。

在现实生活中，当鼠疫来到加缪居住的城市奥兰之前，他早就对这座城市感到厌烦，他觉得自己是这座物质城市里的一名囚徒。

因而，我们大致可以看到加缪新作《鼠疫》的结构根源。小说描写的恰恰就是：一个小城市因为发生鼠疫被与世隔绝的故事。

然而，这时加缪的身体状况非常糟糕，病情急剧恶化，伴随着他的一阵阵咳嗽，还口吐鲜血。妻子弗朗辛马上找来了亨利·科恩医生。此时的科恩医生正在电影院看电影，他接到通知后，立即赶去为加缪做检查。经过一个漫长的夜晚，当天开始发亮时，他们听到加缪用微弱的声音说道："我还以为自己已经完了。"

这次病情发作，与他17岁那次一样严重，于是他必须再去接受人工气胸手术。手术后，咯血被止住了，但医生叮嘱一定要进行静养，并且要禁止游泳。而游泳对海边长大的加缪来说，几乎是主要的娱乐活动，这必定也加重了他囚徒的心理。

犹太人科恩医生，也成为战争这种"鼠疫"的受害者，因为维希政府规定，犹太医生不许超过全国的2%，而且这时已在奥兰已经开始实行。于是，加缪夫妇决定邀请科恩医生夫妇和他们一起去度假，希望以此来减弱他们的痛苦。

在疗养的这段时间里，加缪并没有中止写作，他意识到自己要完成《鼠疫》这部作品并不容易。他还试图把题目"鼠疫"改成"囚徒"。当他阅读了来自巴黎那些对《局外人》的评论时，他发现很多批评家只注意了"冷漠"，而忽略了其中隐藏的"善意"。所以，他这次决定在写《鼠疫》时，要把主要的意图明白无误地表达出来。

写作《鼠疫》的同时，加缪还构思一部名为《误会》的剧本。这个剧本，是根据一个流传广泛的老故事创作的。有一次，在一份日报上，加缪看到这样的报道：失散多年的儿子，有一天用假身份回到了母亲和妹妹经营的客栈里投宿，意在想给她们一个惊喜，没想到因为在交谈的过程中露富了，母亲和妹妹起了歹心，当天晚上把他杀掉了。这则离奇的悲剧故事，显然很吸引加缪。因此，他创作这个剧本时，非常投入。

在加缪的日记本中，人们还发现，他还对另外一本新书也做了很多构思的笔记，这就是后来引起相当强烈争议的作品——《反抗者》。

在卢瓦河地区疗养的日子，许多漫长的夜晚，加缪用来阅读其他作家的作品，读完普鲁斯特的《追忆逝水年华》，让他感受到作品中有一种阳刚之气，他认为作者下笔雄浑有力。此外，他还读了乔伊斯的作品，他说读乔伊斯的作品，不是因为乔伊斯的作品打动了他，而是因为那是乔伊斯的作品。

根据夫妻俩的计划，弗朗辛先离开疗养地，去阿尔及尔为自己找教师的工作，同时还要寻觅住房，而加缪继续留下来休养，一边等身体恢复，一边写作。

后来，当他决定结束疗养后，去里昂市住了几天。同时，也是为了从里昂订一张1942年11月21日开往阿尔及尔的船票。在里昂，他还见了老师格勒尼埃，他请老师帮他办一张去图书馆的通行证。因为他需要寻找一些关于鼠疫的资料，而图书馆这些地方，当时都属于德国的占领区域。

1942年11月7日，这一天是加缪29岁的生日。然而就在这天夜里，在阿尔及利亚海岸进行了"火炬行动"。英美军队在阿尔及尔的东、西部登陆。忠于维希的法国人与美国步兵之间的交战，一直打到1942年11月11日。

此时的法国，从11月11日德军就一直向南方推进，并关闭了所有的自由区域。从此，整个法国都被德国军队控制了，因此阿尔及尔的妻子与此时的加缪被完全隔绝。

在11月11日的日记中，加缪这样写道：

简直就是老鼠！

弗朗辛回到阿尔及尔后，住在加缪的姨父阿库家，很快她就在当地感觉到局势的变动，于是马上给加缪拍了一封电报，催促他马上启程回阿尔及尔。然而当加缪收到电报时，局势已变。

眼看着冬天马上就要来临，身无分文的加缪心中，该是一种何等凄凉、愤慨的复杂心情。除了对个人的担忧之外，这时的他，还增加了对自己国家命运关注的强烈情感。

第四章　反抗

1. 动荡的日子

> 荒诞的骨子里就是矛盾，因为它想维持生命而排除一切价值判断，然而或者本身就是一种价值判断。呼吸，这就是判断。
>
> ——《反抗者》

眼下，被迫滞留在法国的加缪，没有任何收入来源。皮亚很了解加缪，知道他自尊心很强，是个宁可死也不愿向人乞讨的人。于是他想了一个婉转的办法，来帮助加缪渡过难关。

皮亚写信给伽利玛出版社的顾问波朗，向他们说了加缪此时的困境，希望出版社能够每月寄2000法郎来资助他。出版社爽快地同意了。反而，加缪感觉到有些不自在。因为他明白，此时自己真正需要的是一份工作，于是他诚心地向波朗打听工作机会。

圣诞节快到了，老朋友皮亚把亨利·蒂索出版的限量版克尔凯郭尔的作品送给加缪。加缪因为受到萨特论文的启示，曾说想要深入了解存在主义。也就在这个时候，加缪认识了皮亚的一些朋友。其中一位就是诗人弗朗西斯·蓬吉，他还是一位秘密的共产党员，伽利玛出版社刚刚帮他出了一本名为《对事物之陈见》的诗集，风格或悲怆，或嘲讽。

不久，加缪又认识了另一位名叫莱诺的诗人，他们很快就因为投缘而相互熟络起来。他们谈论最多的是彼此共同的朋友、体育、书籍、游泳。在莱诺的房间里，到处都是诗集。

然而，莱诺告诉加缪，现在不写诗了，他加入了法国军队，参加了敦刻尔克大撤退，后来又作为情报组长回到法国参加抵抗运动。

1944年春天，莱诺和加缪见了最后一次面，两人的性情如此融洽，这次会面，两人都感到很投缘，还相约要是法国解放，他们就一起干点事。然而，就在他们会面后不久，那是5月的一天，当莱诺在里昂贝勒古广场散步时，被逮捕了。当他试图逃跑时，德国人把他的腿打伤，并且一直把他关押在牢里，在德国军队撤离里昂前，莱诺被枪杀了。

寒冷的冬天，让加缪更加怀念故乡阿尔及尔。他在日记中忧伤甚至带有怨恨之语地写道：

> 除了爱的时候，女人是如此让人生厌。要么与一个女人生活并沉默不语；要么和所有的女人睡觉和做爱。

有一天，加缪的老师让·格勒尼埃向加缪提了个奇怪的要求，让加缪告诉他详细的出生时间。因为格勒尼埃的诗人朋友雅各布，想为加缪算一下星相。加缪告诉了老师后，很久都听不到结果。后来，雅各布犹豫了一年，才告诉加缪他将死于非命。

虽然与妻子两地隔离了，但加缪有一条与妻子保持通信的秘密路线，加缪把信寄到中立国葡萄牙的一个朋友那里，然后朋友再把信转到他妻子手上。

一天，加缪终于收到了妻子辗转寄来的信。信中弗朗辛告诉丈夫，自己在阿尔及尔的一家私立学校里教数学，她还想把工资的一部分寄给加缪，可那些钱，实际上加缪只能等到解放后才能拿到。后来，弗朗辛还是回到了老家奥兰，在奥兰教了一阵书后，她加入了同盟军，为驻扎在海边的部队弹钢琴助兴，并帮助同盟军制作战时的宣传材料。在家中，她和妹妹一起商量反对维希政权的口号。

在这段难熬的时间里，加缪在他的日记中写道：

> 漫长的四个月，艰难而又孤独，人的精神和意志，确实得到了很好的磨炼。可是，情感呢？

此时在法国，加缪还没有形成自己的圈子，他试图在这里营造自己的一个圈子，他到布刚布莱斯附近的一个小村庄看望蓬吉，他们在一起长时间讨论《鼠疫》的创作。这次拜访，使加缪的心情起

了很大的变化。他在日记中兴奋地写道:

　　一种满足而完美的美妙感觉,我终于第一次尝得。

　　于是,在这个夜晚,我向自己发问:假如这些,就是你人生最后的时光……

　　回答:内心可以平静一笑。

　　然而,此时还没有任何东西值得我骄傲。

　　因为,一切都没有解决,行为也不够坚决。

　　那么,是转变一场经历的冷漠,还是此夜的温柔,或是一种相反的,不再否认什么的智慧的开端?

　　保罗·萨特此时在巴黎几乎已成名,他也是伽利玛出版社的作者。在萨特的《苍蝇》上演的那天,加缪和他见面了,并很快成为好朋友,从此以后,萨特将在加缪的生活中起着非常重要的作用。

　　从精神的高度上,萨特比波朗更加接近加缪,这两个学哲学的天才,命运终于让他们碰到了一起。对待政治的立场,萨特从来都是鲜明的、积极的。而波朗,在政治立场上,他总是躲闪的,含糊不清的。萨特自始至终忠于自己内心的选择,他始终不停地付诸行动,他所说的,所做的,让别人很容易就能明白他的思想。

　　波朗在与加缪相处的过程中,也显示出是加缪的忠实支持者,加缪和他相处非常轻松,他们还发现彼此有很多相同的爱好,比如,都非常喜爱养动物。

　　波朗有一次和莫里亚克谈到法兰西文学大奖的人选时,波朗毫不犹豫表示倾向于加缪的《局外人》,他认为,这是几年来唯一一部表现出极高艺术价值的小说。他还向莫里亚克肯定了加缪正直的人品,说他是一位值得信赖的朋友。然而,莫里亚克却无动于衷。

　　在往后的日子里,加缪无缘无故就成了莫里亚克的眼中钉,肉中刺,两人还因此发生了激烈的笔战。对于这些,人们只能归结为这个天主教小说家因为妒忌,不能容忍阿尔及利亚的青年作家。

　　最终,法兰西学院的文学大奖颁给了左派小说家普雷沃。

　　加缪曾经把正在创作的《鼠疫》给波朗看,波朗觉得必须给他的朋友雷斯屈尔看看，因为他创办了一份名为《消息》的杂志。加缪把《鼠疫》的一章交给雷斯屈尔时，感到有些犹豫，因为他吃不准是否真能够被理解。雷斯屈尔告诉加缪，他觉得书有些晦涩，建议他最好不要以这种形式来发表。加缪把书稿交给了波朗，波朗十分肯定地认为，这本书必须发表。

因为苦闷无处发泄，加缪又给他的朋友蓬吉写了封信，他诉说自己对生活的厌烦，还告诉朋友，自己不得不背着生病的狗去看兽医，感到十分疲累，他还声称因为自己的病，与魔鬼已斗争一年多了。

2. 进入伽利玛出版社

> 真正的艺术家什么都不蔑视，他们迫使自己去理解，而不是去评判。
>
> ——加缪

1943年11月1日，加缪又迎来人生另一个转折点，因为好朋友的帮忙，加缪在伽利玛出版社有了一份稳定的工作。

他被安排与勒马尔尚合用一个办公室，这个办公室曾经属于波朗和马尔罗，加缪办公室的隔壁是法国文学界巨头人物的办公室。办公室里还带有一个阳台，总体让加缪感到很满意。勒马尔尚是一位作家兼评论家，如果《新法兰西杂志》还能够继续出版的话，他将接管。

在伽利玛出版社，气氛比较轻松，因为创始人加斯东避免了任何形式的论资排辈。在这里，大家都是平等的审阅者，人人都可以发表自己的意见。因此，在这里聚集的出版精英，对法国文学掀起的影响力，远远超过了法兰西学院或其他机构。波朗在这里是属于首席的，他眼光独到，而且勇于挖掘新人。

加缪在离伽利玛出版社10分钟路程的地方，租了一个房间，房间所在的旅馆叫"密涅瓦"，老板是一个古怪的老妪。据说，她曾热情地接待过抵抗运动的人士。加缪的一些朋友也曾在这里住过。出版人夏洛把阿尔及尔的出版社搬到巴黎时，也租了底层闲置不用的饭店，作为临时办公室。

加缪住的房间，条件非常艰苦，房间里只有一个洗脸池，厕所和浴室都是公用的。奥迪西奥在冬天来看望加缪时，两人简单吃了点晚饭后，就把头缩在竖起的大衣领里过夜，他们还大声朗读自己写的东西。

1943年11月7日，是加缪的30岁生日。他严肃地对自己过去所做的事情进行了一番思考，他在日记中写道：

> 作为一个人，他的第一能力便是遗忘。甚至，他忘记
> 了自己所做的好事，也是非常公正的。

这份新的工作，无疑给加缪减去了很多生活上的压力。不过，此时的巴黎，正是这个世纪里最不幸的巴黎。在德国占领巴黎的最后一个冬天里，人们感到，巴黎比任何一个时候都要糟糕。因为这时的巴黎，已陷入了资源严重匮乏的阶段，而德国军队的镇压，更加蛮横无理。人们一边受气，一边面临冬天来自生活上的困境。在巴黎暗无天日的街头，到处都是德国的巡逻兵。

人们无精打采地照常生活，在加缪住处旁边的一家饭店，挤满了作家、艺术家、歌唱家和导演。因为经常缺煤断电，附近的咖啡馆里，一些烧旺的火炉上，整整烤着一代作家的手。萨特的一生伴侣波伏娃回忆道：

> 寒冷的冬天，勒弗洛咖啡馆里挤满了各种各样的人
> 群，人们可以看到，法奸分子与抵抗分子混在一起，画家
> 毕加索坐在一旁，另一张桌子旁坐了一个著名导演。

而此时的波伏娃和作家萨特，则窝在另一个角落里，写着将影响一代人的作品。

在伽利玛出版社工作，加缪很快就游刃有余，不过初来乍到，与资深的波朗之间，他还是敏感地察觉到一些距离。因为，在出版社里，加缪只能暂时充当波朗的小徒弟。

在最初的时候，加缪避免过分炫耀，尽量保持谦虚和低调，并尽所能待在自己的位置上。一直以来，波朗都是加斯东的心腹，比起另外两个人，即保尔·法尔格和拉罗歇尔更加受到重视。现在加缪的加入，为他们带来了新鲜的血液，带来了一种新颖的文学。

对这种负有责任感的文学形式，一些审美评论家会抱以半开玩笑的嘲笑。因为加缪来自另一个世界，接受的教育全都在阿尔及尔，对于巴黎的超现实主义等，显然还与加缪格格不入，然而这时加缪作品的价值，已超越了他们，若他们偶尔不经意表现出轻视和嘲笑，其中不乏嫉妒之意。

目前，加缪拥有的是青春，而且他的第一批作品，可以说给当时巴黎惨淡的文学界制造了一次小小的轰动，他得到了很多朋友的支持和帮助。在出版社里，他一进入自己的岗位，几乎就被邀请进审稿委员会。

加缪和办公室的搭档勒马尔尚，都选择了帕兰作为精神向导，帕兰主要研究语言问题，他的专著之前就由伽利玛出版社出版了。帕兰拥有哲学教师资格证书，也学过一些俄语，他于1897年出生，在1927年来到伽利玛出版社。在这之前，他是法国驻莫斯科大使馆的文化随员。一直以来，加缪对语言哲学就有一种天生的着迷。这段时期，他开始阅读帕兰的大部分书籍。

进入伽利玛出版社后，加缪很快就赢得了伽利玛家族另一个成员的友谊，他就是加斯东的侄子——米歇尔·伽利玛。米歇尔和加缪年龄相仿，他出生于1918年，他们为彼此的才华所吸引，结成了十分亲密的朋友关系。这样，加缪在出版社又多了一个砝码。米歇尔在阿尔萨斯学院接受了高等教育，后又跟随伽利玛一位才华横溢的作家学习。又在另一位伽利玛作家的介绍下，开始对飞行充满兴趣。

事实上，这位年轻人向来待人十分热情，朋友形容他长着一张"红彤彤永不衰老的小脸"。或许因为兴之所至，米歇尔恳求祖母（加斯东的母亲）给他买一架敞篷雏鹰飞机。他和妻子及两个好友，如愿以偿地飞上了高高的蓝天，实现了遨游飞翔的小心愿。

米歇尔对加斯东及其代表的一切，都非常醉心。他觉得，他生活的世界里，将离不开书籍，因为文学界早就让他着迷。尽管他本人没有文学创作的欲望，但通往天才的路途是多种多样的，米歇尔则属于具有和人和谐交往的那种天才，他很早就与伽利玛出版社的作家们打成一片，另外他还把才华挥洒在出版商务方面，他经常把许多卷宗带回家里研究，而且，在他还很年轻时，就开始担任文学顾问的工作。

刚进入伽利玛出版社时，多亏了米歇尔·伽利玛、波朗及一些朋友的帮助，使得加缪刚进去，地位就远远不只是一名默默无闻的审稿者和作者。

3. 与萨特建立友谊

> 相信生活的意义，一直意味着一种价值等级，一种选择，也意味着我们的种种偏爱。
>
> ——《西西弗斯的神话》

自从《苍蝇》首演那天，加缪与萨特有过短暂的交谈后，很快他们又在勒弗洛咖啡馆进行了一次正式的会面，这次萨特的终身伴侣波伏娃第一次与加缪见面。

波伏娃虽然出生在较为传统的家庭，但是她具有很强的独立精神，上大学时，她与萨特相识相爱，因为彼此都爱好书籍，并拥有共同的志向，最后成为共同的生活伴侣。他们既在一起生活，又彼此尊重，他们各自独立，又从不牵绊对方，精神上达到和谐一致。他们终生都没有履行婚姻手续,他们这种伴侣间的最高境界,不为一纸婚约所约束，但情感上，又比婚约来得更加真实。

当时，这对特别的情侣、法国文坛上飘扬的两面旗帜，成了加缪的好朋友，我们可以说，加缪一直以来所表现出来的才华是真实的。

波伏娃和萨特都是学哲学出身，加缪也是如此，因此三个人的这次长时间交谈进行得非常融洽。

这次谈话结束后，三个人都觉得彼此之间的距离变得如此接近，就像很早以前就认识的老朋友一样。

刚好这时，一家制药企业老板想请萨特创作一部戏剧，这位老板自掏腰包想取悦正在念戏剧的新婚妻子。于是，萨特开始创作他著名的剧本《禁闭》。在勒弗洛咖啡馆与加缪的那次谈话中，萨特和加缪谈到这部剧，希望由加缪来担任导演，并扮演其中的主角。加缪犹豫了一阵，但还是欣然同意了。

他们找齐了剧里所需的角色后，《禁闭》不久就开始排演，排演的地点是在波伏娃的房间里进行。当时，波伏娃住在塞纳河路上的路易斯安那旅馆里。

然而，好事被迫中断了。因为投资人的妻子在去看望抵抗运动的积极分子时，被警方逮捕了，因此，所有计划都取消了。后来，巴黎的一家老鸽棚剧院表示对萨特的这部戏感兴趣，然而此时加缪退出了，或许出于其他原因，或许真的如他所说的，他没有资格指导巴黎专业的演员，更没资格在巴黎的舞台上排演戏剧。

虽然第一次一起做事没能完满结束，然而三个人的友谊却有增无减，他们逐渐形成了自己的小圈子。三个人常常一起参加文学圈里各种各样的小型聚会，或者波伏娃做东，请大家去她路易斯安那旅馆的房间聚餐。

在这个不大的房间里，波伏娃一次可以邀请八位朋友来吃饭。朋友们来时都会自带一些食物，比如熟食、葡萄酒、面点等等。萨特的一个学生对烹饪很着迷，他常常和波伏娃一起做酱牛肉或扁豆什锦锅。加缪又发挥他许久未曾显露的幽默本性，说道："看起来，质量不怎么高超，但分量还是够的。"

波伏娃虽然喜欢结交朋友，但在认识加缪之前，她很少把朋友请到家里来招待。此时，他们的友谊建立在兴趣和见解高度相近的基础上，他们没有政治流派的分歧，因为他们都是年轻的、独立的自由主义者。他们都没有任何政治背景，他们可以快活地对彼此敞开心怀，无须任何掩饰，他们都因自己的努力，在写作上获得了名誉、声望。

加缪也显得非常快活，他无拘无束地与朋友开一些小玩笑。他常常把咖啡馆里名叫帕斯卡尔的服务员，叫成笛卡儿（法国哲学家）。他机智幽默的语言，成了他获得友谊的巨大魅力。

加缪和萨特都有收听BBC广播节目的习惯，并且不时交换战争的最新消息，这些事件让他们不断保持交流，并分享着共同的感想。

两个好朋友逐渐可以在一起做一些事。他们都是七星诗社（伽利玛出版社创立的）文学奖评委会的成员。他们准备一起撰写"七星诗社百科全书"哲学卷里《民族》那一章。于是加缪开始阅读萨特的哲学作品《存在与虚无》，这部巨著是由伽利玛出版社刚刚出版的。

至于七星诗社的评委成员，还包括波朗、艾吕雅、马尔罗、阿尔朗、格诺和布朗肖，评委会的秘书是和加缪同一个办公室的搭档勒马尔尚。

1944年2月，评委会把七星诗社文学奖颁给了马塞尔·莫鲁奇的《恩里可》。加缪和萨特都把赞成票投给了他。会后，加缪邀请这位同乡一起去吃饭，同是老乡的奥迪西奥，马上举手赞同，并亲自去安排。萨特和波伏娃也被邀请进他们的同乡聚会。

不久后，他们举行了一次公开的朗诵会，朗诵的作品是《握住欲望之尾》，这是毕加索在20世纪20年代用超现实主义风格写就的。这次活动主要由加缪来负责，按照法国人的传统，加缪手里拿着一根粗棍敲着地板，这样表示场景的变化。同时，他还要担任叙述人的角色，大概类似主持人，朗诵一开始他要描述布景，介绍即将出场的朗诵人。除此之外，他还要在场外指导朗诵人，这次朗诵的名单里，还包括萨特和波伏娃。

朗诵活动的当天，毕加索、乔治·布拉克、路易·巴罗、巴塔伊等著名的人物都来了。朗诵的时间从19点到23点。他们喝着美味的葡萄酒，畅谈，听着音乐，但没有跳舞，因为害怕吵到周围的居民。尽管午夜宵禁前，许多人都离开了，但加缪和波伏娃等一些要好的朋友，一直到早晨5点才纷纷离去。

这种类型的朗诵活动，对加缪来说是第一次，在罗昂大院巴塔伊的家里还有另一种类型的聚会，一对避难的音乐家夫妇藏身在那里。在这种偶尔放纵的聚会上，大家都把平常贮藏起来的食物和饮品，拿出来一起分享。

人们仿佛暂时忘掉了战争带来的麻木，让片刻的欢声笑语萦绕彼此周围。各人都肆意施展自己的才能：加缪和他的办公室搭档把锅底翻转，用来演奏激昂的军乐，原来加缪还是一个跳舞的能手，萨特在一个壁橱内，煞有介事地指挥着想象中的乐队……

4. 参与地下报纸《战斗报》

> 凡罪孽都是致命的，一切冷漠都是犯罪。不是全有，就是全无。
>
> ——《鼠疫》

《战斗报》成立于1942年，这份报纸的目的，主要是用来收集德国军队的情报，以便反抗者伺机破坏德军的设施，并有效地打击敌人。

第二年，这个报纸的创始人之一，便离开了法国。这位名叫亨利·弗勒奈的创办人，企图去说服戴高乐（自由法国武装统帅），让他与美国情报人员合作。加缪的老朋友皮亚，原来早就加入里昂地区战斗小组，并且成了组长的助手。同时，皮亚还在抵抗运动中，担任着各种任务。他如今已是"战斗"、"自由射手"和"解放"合并起来的一个新的抵抗运动组织的总书记。

当然，要顺利进行这些活动，皮亚需要一些可信赖的人加入进来，与他并肩作战。毫无疑问，皮亚马上就想到了加缪。现在，皮亚需要等待一个合适的时机，与加缪会面。因为盖世太保正秘密地搜捕他，加缪工作所在的伽利玛大楼，皮亚必须要小心避开。

雅克琳娜·贝尔纳是《战斗报》编辑部的秘书，她认识了一个女门房，女门房答应地下小组的成员，可以在她房子的后间里碰头。虽然这不算是最安全的方式，但要找到更可靠的地方碰面并不容易。

某一天，皮亚终于与加缪相约，在女门房那里碰面。在场的人还有雅克琳娜（编辑秘书）、博利耶（负责印刷的）。雅克琳娜第一次见到加缪，感觉他仿佛没吃饱，而且身上套了一件皱皱巴巴的长风衣，但在当时惨淡的巴黎，这样的面孔到处皆是。很快，她就发现在加缪身上有一种奇异的魅力。

皮亚对雅克琳娜说道："我下星期就要离开这里，加缪可以帮助你。"

雅克琳娜问加缪："你叫什么名字？"

加缪回答道："波夏尔。我能撰写文章，也可以帮助排版。"

在当时，《战斗报》的成员及组织相关的所有人员，用的都是化名，彼此之间都不知道各自的真实名字。

皮亚离开巴黎后，他们就开始秘密准备报纸的内容。在1943年10月15日，他们出版了最新一期的《战斗报》。这期报纸刊登了一篇关于解放科西嘉的文章，另外刊登了戴高乐的一封信。他们用照相制版，制成小规格，再制成样报，然后给法国各地的印刷商各寄去一份。

雅克琳娜在一间极小的房间里秘密工作，她把从BBC电台及其他外国电台收听到的消息进行收集整理。另外，她还从一些通信员手中，获取来自瑞士或其他国家的情报。她把所有这些收集到的情报，打成稿子，并送到需要的地方去。

《战斗报》的全部运作资金，都由自由法国武装力量的总部来提供。总部把资金从伦敦空投过来，上面写着：战斗运动组织收。同时，他们还招募一些志愿者，来帮助组织运输物资、派送打印好的稿件等等。他们还为联络员配备了自行车，雅克琳娜通过联络员的关系，还帮加缪的自行车配上了新的轮胎。

有一天，加缪把一对化名的夫妇带来开会。那个男的表示愿意干任何事情，还包括编写各种社会新闻。后来，雅克琳娜去看完戏剧《禁闭》后才发现，这对志愿者男女，实际上就是著名作家萨特和波伏娃。

加缪积极为《战斗报》壮大队伍，他又把当年《巴黎晚报》的老朋友招募进来，库克兰曾写信告诉加缪自己在找工作，这样一来，加缪正好帮他解决了生存问题，同时库克兰还可以为《战斗报》作掩护。

加缪为《战斗报》写了两篇文章，第一篇题为《以全面抵抗对付全面战争》，这篇文章发表在1944年3月。文章号召人们要积极地与"惰性"和"战斗精神"做斗争，文中写道：

　　因为，很可能，你们会被当作一名同情者，或一名战斗者，惨遭他们的杀害和折磨。

第二篇文章题为《连续三个小时，他们枪杀法国人》，这篇文章发表在1944年5月。文章报道了德国人在一辆火车脱轨后，他们为了报复，把一个村子里的86名男子无情杀害。

根据蛛丝马迹，人们认为还有两篇文章是加缪写的，因为没有署真名，人们只是猜测，真相不得而知。

有一天，加缪急匆匆找到雅克琳娜，因为他听说"雷诺阿"

（皮亚的化名）在里昂被捕了，雅克琳娜说她已经听说了，但她不相信是真的。加缪还是不放心，催促她快点去证实。加缪还表示，如果皮亚真的被逮捕了，他将去组织营救。

实际上，被捕的那个人不是皮亚，是另外一个也化名叫"雷诺阿"的人。

加缪和他的那些地下组织人员面临一个困难，那就是如何把报纸从印刷厂送到各地读者的手中。有时他们在运输的箱子外面写上"维修零件"，然后寄给一个虚构的商店。有时，箱子被送到一些真实的商店那里，而收货的店主却毫不知情，当店主打开箱子后，发现全是《战斗报》，店主马上就被抓到警察局审讯。

雅克琳娜害怕加缪知道这些后生气，但还是告诉了他，然而加缪只是苦笑了一下。

"你瞧，抵抗和不抵抗，危险同样存在。"

雅克琳娜在加缪的《鼠疫》里，也发现类似的看法：鼠疫，是每一个人的事。

可以说，《战斗报》在当时的巴黎，只是大海里的一滴水。他们冒着生命危险，点燃火柴般微弱的光亮，对鼓舞人民的士气，实属微乎其微，他们发现，他们无法丝毫改变战争的进程。

到了1944年的春天，虽然离战争结束似乎还遥遥无期，但地下组织的领导，已经准备在法国解放的那天，出一份自由的日报。

皮亚又一次来到了巴黎，他只短暂逗留了数天，在与战斗小组的成员会面时，皮亚提醒他们，如果真要出日报，专业记者是必不可少的。于是，加缪和雅克琳娜便开始寻找专业的记者。

就这样，加缪从开始是一名感兴趣的"联络员"，逐渐演变成了一个积极的反抗分子，并且冒着生命的危险，从事组织派给他的各项任务。

5. "不可能之戏剧"

> 在发现人生是荒谬的之后，我只有一种冲动，就是想
> 写一本幸福手册。
>
> ——《误会》

1944年，加缪荒诞三部曲中的最后一部《卡里古拉》，终于也得以面世了，在这本书中还有另一个剧本《误会》，它们作为合订本一起出版。

这两部剧本出版后，加缪在一篇没有署名的文章中写道：

> 通过一种不可能的人物或情景，这两部戏，试图给不可能解决的冲突以新的生命。在获得仅有的有价值的答案前，每个人首先都要努力面对这些冲突。这两部剧，将会让人们彻底明白，在我们的身上，都存在着某些必然会被摧毁的误会和幻想。

这两部戏剧，尽管不会因此成为说理剧，但是，它们从另一个角度代表了"不可能之戏剧"。在德国占领巴黎的这段时期，事实上，戏剧是照常上演的。例如，像萨特这一类公开进行抵抗的人群，都各自进行导演、剧作家、制作人和演员的生涯。

巴黎最有名的剧院之一——马杜兰剧院，接受了把加缪的《误会》搬上舞台的建议。在战争时期，上演一部新戏剧，对剧院来说，还不会构成非常大的风险，因为，剧团一般都以最简单的方式进行排演。况且加缪这部《误会》需要的演员不多，也不需要很多的舞台效果。

作为《误会》的导演，埃朗挖掘了一名非常有潜力的女主角，

她就是玛莉亚·卡萨雷斯。在专业导演埃朗的建议下，1944年年初，加缪开始修改剧本，直到3月份，他们正式进入排演阶段。

《误会》大致的剧情就是：失散多年的儿子，有一天回到母亲和妹妹开的客栈投宿，他想给她们一个惊喜，于是化名入住了客栈，然而，在交谈的过程中，儿子因为得意，露富了，母亲和妹妹在不知真相的情况下，谋财害命，残忍地把他杀死了。

这次排演，预计用3个月的时间，玛莉亚在里面饰演的就是妹妹的角色。年轻时的玛莉亚，因为受到母亲的影响，也对戏剧产生了浓厚的兴趣。后来在母亲的鼓励下，她考进了戏剧学院。

剧团里，玛莉亚不是唯一的年轻演员，因为在这里，几乎所有的男女演员都是年轻人，导演埃朗是一个善于挖掘新人的导演。在这里排演，玛莉亚为剧团里青春洋溢的氛围深深地陶醉。每个人身上，都散发出一股激情、昂扬的感染力。融入其中，她很容易能感受到一种集体的精神力量。

埃朗是一个很好相处的导演，他就住在剧院的楼上，在他的房间里，经常聚集着剧作家、画家、演员等人群。这次彩排，吸引着整个巴黎的文学艺术界。

很快，加缪就被玛莉亚的才华吸引住了。他觉得，在玛莉亚身上，一切都是那么迷人。况且，在玛莉亚身上，有着地道的西班牙人血统。加缪断言，她是巴黎最有前途的女演员之一。

从这以后，加缪和玛莉亚的关系日益密切，这种爱与惦念，一直维持到加缪生命结束。把两人紧紧联结在一起的，是一根精神远大于世俗情欲的纽带。

然而，玛莉亚从来都不可能是坐在壁炉旁，等待爱人归来的温婉女子，她的性情，就如身上流淌的西班牙血液一样，时而偏激，时而任性。

6月5日，加缪把玛莉亚带到了萨特和波伏娃举行的聚会上，并把她介绍给朋友们认识，玛莉亚穿了一条"罗夏氏"的裙子，裙子深浅相间的紫色条纹十分典雅，玛莉亚还把一头黑发干净利落地梳往脑后，结成一个发髻，并且从她略微轻细的笑声中，露出两排雪白的牙齿，显得青春动人。整个夜晚，加缪和玛莉亚形影不离。

6月中旬，加缪接到消息，《战斗报》负责印刷的博利耶被捕了。到了6月24日，巴黎各大报纸都刊登了凯瑟堡战役的文章。

1944年6月底，《误会》首演。这天晚上结束后，剧院里迎来了一场暴风雨，因为社会上的许多精英，仿佛不能接受这种形式的单一剧本。他们认为剧中流露出很多人为痕迹的象征手法。玛莉亚戏剧学院里的老师看完后，也被剧中的气氛搅得心烦意乱。因为当时处于战争中的巴黎，每个人的神经都如此脆弱，剧情稍一晦涩，就会让人们感到难以容忍。

不过也有评论家预言道：

等到20年后，《误会》也许会因为现在的这种壮阔和完美，被大众所接受。

加缪身边的一些朋友认为，观众对这部剧持否定态度，也许跟他反对德国纳粹的名声有关。玛莉亚对观众有这么大的反应，也弄不明白，因而，她也想是否真的跟政治因素有关。伽利玛家族的米歇尔在看过舞台的演出后，也表示颇为不安。

一时间，加缪被种种反对的声音包围，他的情绪显得很激动，他一下子就被这些怀有敌意的观众刺激起来了。然而，当他平静下来，打开日记本时，他写道：

我花了10年的时间，所要征服的，原来就是眼前的这个无价之物：一颗苦涩的心。作为一个人，他不能介入生活的所有方面，但至少，他可以选择某个能够介入的方面去生活。让生活充满荣耀，让日子过得体面，仅此而已。然而，从另外的方面来说，这又会导致另一种疏离，对人群的远离，就算拥有一颗热爱人群之心的人，也会如此。

后来，加缪清醒地明白了，在巴黎被德国占领的暗无天日的时期，去表达一种悲观的观点，无疑会雪上加霜，这只会在人们身上，引发出更加深沉的悲伤。

1944年7月11日，《战斗报》的编辑秘书雅克琳娜因为与一个密探一起参加了一个会议，被盖世太保盯上了，并且敌人行动非常迅速，很快就把她逮捕了。

德国人从她的电话记录里，发现她经常打电话给伽利玛出版社的加缪。雅克琳娜必须想办法提醒加缪，于是她向德国人提出一个要求，说她要交一封信给一个联系人。德国人觉得正好把小组的其他成员抓获，于是答应了。

雅克琳娜所说的这位"联系人"，其实是一个与反抗运动没有任何关系的人。她把信交给那人时，轻声让他去警告加缪。

加缪得到消息后，与皮埃尔、米歇尔一起骑自行车离开巴黎，出发前，他想办法通知了萨特和波伏娃。他们骑车到了距离巴黎90公里的韦尔德洛小镇，躲在伽利玛出版社的帕兰的一幢房子里，在这里他们过着度假一样的生活，当风声稍稍平息下来时，他们又骑着自行车沿着老路回到了巴黎。

6. 笔战

> 确切地讲，上帝只靠否定人类理性才得以支撑。
>
> ——《西西弗斯的神话》

假如这几个避难的年轻人，没有灵光一闪的念头，要回到巴黎，那么，在巴黎解放的一刻，他们就会错过了。加缪也不会以令人吃惊的方式，与《战斗报》的成员一起出现，并在这样的历史时刻，给巴黎人民奉上一份崭新的日报。

盟军在沙特尔逼退德国军队后，几乎解放了法国的北部地区，美军第三军包围巴黎后，迫使德国军队撤退或者投降。巴黎尽情地收复了一座又一座的公共设施、政府大楼、重大历史建筑等等。

1944年8月19日，这是一个星期六，《战斗报》的全部成员都已准备好出第一份公开的日报。

8月21日，新的日报终于出炉，根据事先订定的发行计划，《战斗报》在巴黎及其周围地区，以叫卖的方式出售，当报纸分派到各个摊点后，在一个小时之内全都卖光了。

报纸一篇题为《从抵抗到革命》的文章许诺，《战斗报》将在行动和言论上，为真正的革命下定义。这是一篇没有署名的社论，几乎可以断定就是加缪主笔的，也许皮亚也有参与。为了让更多人看到这篇文章，在第二天的报纸，又刊登了一次。

文章的开头这样写道：

为了让这份报纸在巴黎光明磊落地问世，自它诞生起，凝聚了多少抵抗精神，多少人抛却个人安危，坚持不懈地出版这一份报纸，在漫长的斗争中，他们沉默地，整整坚持了5年之久。

社论同时还要求政府马上建立一种民众与工人的民主，并制定保障人民自由的新宪法，对国家结构重新改革。

"在当前的状态下，就叫革命。"

战后，《战斗报》的政治纲领就这样提出来了。无疑，这个纲领与当时的左派或偏左派的思想是十分吻合的。

接下来，《战斗报》在发行中，文章又加大了对法奸们的打击，虽然加缪以正面的道德观念表达，有时甚至近乎抽象，但他与《战斗报》的所有人员一样，都觉得自己与敌人的炮火更加接近，而不像莫里亚克那样，因缺乏实际斗争经验，只停留在理论上，因而表现出一种道貌岸然的勇气。

在1944年8月30日那期的《战斗报》中，加缪发出了正义的呼声：

谁胆敢在此地提什么原谅？既然我们终于明白，只能以利剑取胜；既然我们的精神已拿起了武器，并最终取得了胜利，谁还会把它忘掉？在明天发表言论的，不代表憎恨，而是一种建立在我们记忆之上的，正义的本身。

天主教道学家莫里亚克，手上掌管着巴黎的《费加罗报》，与此时加缪主编的《战斗报》一样，都代表着巴黎解放后道德家的位置。

很快，他就开始在《费加罗报》上，回应了加缪的观点。并且，从10月开始，莫里亚克发表了一系列文章。这批文章很快就引起加缪的不同观点。接着，他针对这些文章进行了有力反驳。

莫里亚克把文章首先定位为"宽恕"。在10月19日那期的《费加罗报》上，他发表了一篇文章宣称法国希望的结果是和解，以求减到最低的伤害，并表示对法奸的处置，应当采取宽恕行为。

第二天，即10月20日，加缪马上在《战斗报》反驳道：

> 对于莫里亚克先生的观点，我们不能苟同。在这里，我们可以公开地这么说，我们需要的时候，我们都曾经支持过莫里亚克先生。如果有人受到伤害的话，那么，这也不会伤害到他们。

10月22日，莫里亚克又发表了一篇题为《答<战斗报>》的文章，他讽刺和嘲笑加缪使用天主教的神学词汇，来鼓动大众对法奸严惩法办。

10月25日，加缪又回敬莫里亚克：

> 尽管我们不是基督徒，而事实上，正因为我们不是基督徒，我们更有必要谈一下这个问题：对于一个人的正义，基督徒可能以为神可以取代，并因此觉得需要容忍。可是，请莫里亚克先生仔细思考一下人类的实际冲突吧。在所有的矛盾冲突中，事实上人并不知道神对我们的惩罚，然而我们却保留着人的宏伟愿望。假如他们不是永远沉默，那么就一定要皈依人类的正义。

1945年1月7日，莫里亚克终于忍无可忍，揭去了慈善的伪装，露出了凶相。他发表了一篇题为《对慈善的蔑视》的文章，文中说一位法奸作家的作品，比自己设想的要好很多。因为这位法奸作家的作品曾经受到加缪的攻击。

这一刺痛，让加缪感到气愤，在1月11日，他讥讽莫里亚克道："既不慈善，也不正义。"

对莫里亚克表现出的莫名其妙的仇恨，加缪也许并不能够真正理解。在莫里亚克与别人谈话时，也常对不在场的加缪表露出轻视的态度，人们只能理解为这是妒忌的表现，除此之外想不出更多的理由。

在1944年10月4日那期的《战斗报》，人们发现了一篇关于戏剧演员玛莉亚·卡萨雷斯的文章，作者没有署名。但是从文章的语言和风格来看，它是出自加缪的笔下。文章这样写道：

> 这位从西班牙弗朗哥逃离出来的小姑娘，命运赋予她多么奇特的经历啊！在她初次来到法国这座陌生城市的时候，她连一句法语都不懂，然而，由于充满激情的青春生命，使她如今已傲人地站立在巴黎的舞台，成了最令人震撼的耀眼明星之一……

> 她的智慧和美貌，是无与伦比的，她具有成为一名天才演员的能力与热情。在戏剧道路之初，仅仅几个发音的失误和稍显过度的激情，并不会妨碍她得到人们的认可。在舞台上，我们可以听到，玛莉亚发自肺腑的声音，具有一种多么真切的情感……

1944年10月14日，加缪的妻子离开阿尔及尔，前来巴黎与加缪重逢，经过这阵动荡的生活之后，加缪将又重新过上家庭生活。不久，弗朗辛还怀上了孩子，夫妻俩经常双双出入丰富的社交生活。

因此，玛莉亚·卡萨雷斯跟加缪约定，再也不见面了。

7. 战后生活

> 每个人都宣称无辜，不惜一切代价，甚至为此而指控
> 人类和上苍。
>
> ——《堕落》

当加缪身体健康许可，能够正常在报社上班时，他就是全报社的首席代表，当他患病需要休养时，报社就交给阿尔贝·埃里维埃，他是加缪忠实的替补。而皮亚，无论何时都负责让报社能够正常运转，他总是低调地把自己藏在幕后，他从来都不想获得公众给予的荣耀和肯定，实际上他是《战斗报》的灵魂和智囊，是报社最大的无名英雄。

报社正常运作几个星期后，加缪待在报社的时间越来越少，皮亚感到在加缪身上发生了一些变化，作为加缪，他向来是很看重荣誉和归属的，皮亚发现加缪有时表现得过于自信，决断过快。

有一次他和加缪在塞纳河左岸一家餐馆吃饭，他发现前《巴黎晚报》的一位负责人在旁边一桌吃饭，于是就热情地与他打了招呼。而加缪认为这个人向来对领导奴颜婢膝，皮亚解释道，他的顺从态度，是情有可原的，因为他既要养一个残疾的儿子，又要照顾患有精神病的妻子。加缪听后，有些不以为然。正是加缪这种得理不饶人的性格，导致了后来与倔脾气的皮亚分道扬镳。

现在，加缪终于有机会重返阿尔及尔了，他如此迫切地想见到久别的母亲、亲人、好朋友，及那里熟悉的海滩与街道。不过，这次回去，不是纯属度假，他还打算采写一系列的文章。

1945年4月24日，住在阿尔及尔的纪德突然接到加缪的电话，加

缪告诉他现在自己在阿尔及尔，并约定当天见面，纪德非常高兴，马上就答应了。纪德把一本加缪的《婚礼集》送给自己的女朋友，并对她说，他自己很喜欢该书的风格，还赞扬了加缪的语言天赋。

在他们说话之间，加缪就到了，这次重逢，大家都很兴奋，仿佛有说不完的话。加缪还告诉纪德，这次回家一是探望亲友，二是要采写一系列报道。他说第二天就要动身去阿尔及尔的南部。

加缪万万没想到，这次回阿尔及尔，让他目睹了法国统治下的阿尔及利亚上演了一起大悲剧。这同时预示的是十年后将要爆发的革命起义事件。

在这里，民族主义运动正风起云涌，他们的领袖梅萨里，对人民的影响已经到了高峰，他被人民誉为"阿尔及利亚人民无可争议的领袖"。

4月25日，梅萨里被总督府押送流放，政府这种鲁莽的行为，马上又掀起了民族主义狂热的新高潮。

5月1日，人民开始组织游行队伍，并进行大规模的示威。

到了5月8日，阿尔及利亚的许多城市，发生了流血事件，很快，这种骚乱影响到了乡村，并引发了起义。而政府的镇压是冷酷无情的，导致数千抗议者失去生命。

加缪通过仔细的调查，写下了八篇文章，他试图从客观的角度，真实反映当时的状况，他提醒读者，不要急于对这个事件下判断。

而一些对文章持反对意见的人，马上跳出来惊呼，这个人到底是谁？只在阿尔及利亚待了几个星期，就胆敢声称自己找到真实的答案。

于是，在5月25日那期的《战斗报》中，有文章出来反驳道：

　　加缪先生是阿尔及尔土生土长的居民，直到停战之前，他都一直关心着阿尔及利亚的命运，他断不会对那里的死难者不闻不问，而且，他的亲人好友，现在还在那里遭受着起义的威胁。他呼吁人们，不要用仇恨对付仇恨，他是想用正义来化解彼此间的仇恨。我们都相信，他所发出的那些呼吁，并不是轻率的，而是经过了慎重的思考做出的。

不久，加缪就要当父亲了，1945年6月，他和妻子就知道，弗朗辛肚子里的孩子是一对双胞胎。医生嘱咐孕妇要安心静养，应该换一个舒适的住所，因此，加缪和妻子搬到了奥尔奈村里的一个小别墅。这是一幢清净美丽的房子，坐落在一个偌大的花园中间，花园里种满各种各样的花草树木，空气十分清新。

弗朗辛临产前，加缪的母亲从阿尔及尔过来和他们一起住。上有老母亲，下有即将降临的两个孩子，无疑使他的心理发生了很大的变化，加缪突然意识到自己的责任，他在1945年7月30日的日记中写道：

> 32岁，对一个男人来说，是时候应该懂得如何去掌握自己的命运了，这个年龄，应该能够认清自己的品质和缺点，并且明白自己的底线和极限在哪里，对未来衰老的境况，现在也应该有所预见。他已是他了，在必要的时候，他还要学会逆来顺受。在保持本质不变的同时，需要善于掩饰。
>
> 如今，我已算历尽人世沧桑，唯一剩下的是，时时刻刻保持顽强的生命力。不要总是想到悲伤，一切都需要用淡泊的态度去面对，不要总是否定事物，真真假假，总会有显露真相的一天，要傲视苦痛。

住进这幢小别墅后，加缪又开始执笔写《鼠疫》，他和妻子都没有把这里当作长住之地，所以一切能简就简，里面的家具少得可怜。《鼠疫》的写作进度，十分缓慢，有一次，加缪对米歇尔·伽利玛说："《鼠疫》再这样拖下去，我真害怕有一天会被累死。"

不过，好消息还是传来了，加缪的剧本《卡利古拉》，终于可以开始排演了，这次排演，加缪预定在初秋进行。不久，夏洛出版社把他的《婚礼集》在巴黎和阿尔及尔都进行再版了。

9月他集中精神来继续写《鼠疫》，以至把《战斗报》的工作都弃之不顾了，同时，他还考虑回到伽利玛出版社工作。因为此时伽利玛出版社希望他担任一套丛书的主编工作。于是他又回到了出版社工作，并领取一份稳定的薪水。

1945年9月15日，弗朗辛在贝尔韦代雷诊所生下了双胞胎，一辆诊所的车辆准备把他们送回住处。加缪扶着妻子上了救护车，接着又把行李搬上了车子，然后告诉司机"开车"。此时，弗朗辛提醒加缪，两个孩子还在诊所呢。加缪满脸尴尬，赶紧去把两个婴儿抱回。

8. 家庭与孩子

任何美的东西都为自己的美感到骄傲，今天的世界让它的骄傲在各个方面流露出来。

——《蒂巴萨的婚礼》

加缪对《卡里古拉》这个剧本投入了很多的心血，不管是公演前还是公演后，他都对该剧一遍又一遍地进行反复修改。然而，对剧中的主要人物，无论是性格还是行为，都没有做过改动。

在加缪的眼中，《卡里古拉》的重要象征是：人类和世界的荒谬。在这部戏中，玛莉亚·卡萨雷斯并未担任女主角。有记者报道，她暂别了舞台，没有作任何的解释，据说是到别的地方发展去了。

1945年9月26日，人们看完《卡里古拉》的彩排后，对这部戏的反应毁誉参半。第二天，《时代》杂志上的一篇文章写道：

这是一些思想的幽灵，一些乏味无奇的躯壳，在想尽办法，把一些零散的构件，拼成一种哲理。

关于这部戏，媒体评论的文章多达三十多篇，男主角菲利普，也在这个剧中一举成名。加缪认为，媒体的这些批评与褒奖，都还不足以支撑剧中真正的内涵。只有少数的声音，真正理解他的这部剧。

他在日记本中写道：

> 从最好的方面来说，名誉，是一种误解。对蔑视名誉之人，我不想傲慢地对待。名誉也是一种人冠上的标志，这种标志，不比憎恨和友谊重要，也不比它们次要。

如今，加缪回到伽利玛出版社上班，就跟在《战斗报》工作时一样正常。两个孩子出生后，加缪夫妇想搬回巴黎市区居住，因为这样，一来工作方便，二来冬天取暖也不用操心。

不久，出版社帮加缪解决了住的问题，加缪一家在圣日耳曼-德-普雷区的塞吉耶街18号，一住就是4年。

米歇尔·伽利玛和加缪的住所，几乎都处在文学艺术界活动的中心。在两个世纪之前，普雷区的一些饭店和咖啡馆，曾聚集了卢梭、伏尔泰、狄德罗等文豪。

在这里，人们经常举行晚会，萨特及波伏娃，无疑也是这里的风云人物，加缪经常和大家高谈阔论，跳舞豪饮，常常喝到酩酊大醉。有时加缪会邀请秘书苏珊娜与他一起出席晚会，或和朋友们在香榭丽舍大街上的一家咖啡馆喝上一杯。

有时，萨特在喝多后，会吹嘘自己如何如何英俊和帅气，他会变得很好斗，特别是面对加缪，因为加缪在女人面前更有吸引力。有一天，伽利玛出版社的同事发现加缪肿着一只眼睛来上班。

波伏娃总是夹在萨特和加缪之间，显然，她对加缪也表示出喜欢，但加缪对另一个好朋友说，他刻意与波伏娃保持一定的距离，因为他担心与波伏娃上床后，她会变得很啰唆。

后来，加缪因车祸意外去世后，波伏娃在回忆录中回应说，这也许是加缪因恼恨所致。

有一则关于加缪的传闻，说他曾经向一位体面的女作家说道：

"我亲爱的朋友，和你一起探讨高雅的问题，我们度过了一个十分美好的夜晚。但是，你或许不知道，如果此时有一个丑女人在我面前经过，我会毫不犹豫弃你而去，追随她。"

这是个狂热的年代，加缪始终想保持真我，但又必须戴上面具。一些朋友在萨特和加缪之间进行选择，认为自己更喜欢加缪，尽管萨特此时的声望更胜一筹，但是加缪"长得更帅气，而且他更懂得节制与自爱"。

那时，加缪很喜欢穿地中海风格的衣服，那是一些带有花格子的套装，他常常还在外面披上一件风衣。这时他的代步工具是一辆破旧的前驱动黑色轿车，他同它一起穿梭于巴黎的各个街区。当朋友们在街上喊他时，他只是挥挥手，并不作声回答。

虽然现在公众和媒体新闻界在谈论他时，经常把他与"存在主义者"放在一起，然而，这并不是他希望的，他甚至很反对人们把他归入这个类别。因为在与萨特相识前，他的作品已完成写作，而萨特才是一名真正的存在主义者。加缪甚至考虑在报刊上刊登一则声明，声明自己与萨特的作品毫无相同之处。

圣诞节来了，加缪去了戛纳度假，这是他期盼已久的。这次外出是和米歇尔·伽利玛夫妇同行的，他们一起在海上尽情地玩帆板，非常惬意。假期结束后，加缪又回到了出版社忙碌的岗位上。此时，他手上正在编辑一套丛书，同时还要担任出版社的文学顾问。

打从这时起，无论工作，或创作自己的作品，又或者生病疗养需要离开一段时间，在伽利玛出版社这里，加缪始终拥有一间属于自己的办公室。这是一间朝向波坦街，并带有小阳台的办公室。加缪本人发出的所有信件的联系地址，都是这里。他的朋友找他，打到办公室就能找到他。许多年轻未成名的青年，常到这里向他请教，并请他看自己的书稿。

于是，加缪很快就形成了一种这样的工作习惯：中午前，在家中写作。午饭后，回到办公室阅读各种各样的信件，并马上回复紧急信函，然后审阅稿子，并接待预约的来访客人。

一位文学顾问找到加缪，让他出一套肯定会畅销的书，他让加缪按自己的意愿，来决定丛书的发行量。并答应让加缪在丛书中提取一部分稿酬，但加缪拒绝了。他说他不会坚持出一本其他审稿人强烈反对的书。所以，加缪只能靠着薪水养活一家老小。

战后，法国的经济复苏十分缓慢，加缪写信告诉自己的老师格勒尼埃，半个冬天，他都忙于一家人的温饱问题。有了孩子，他不得不更加努力，他要为新的生活和责任而奋斗。

作为一位父亲，加缪是十分关爱孩子的，尽管他对家务事显得有些笨拙，但他还是经常想出一些花招来止住孩子们的啼哭。当拖着疲惫的身躯从出版社回到家，他仿佛又突然活过来了，他兴致勃勃地给他们唱西班牙的儿歌，直至孩子们在他的拍抚中进入梦乡。

巴黎还处在物资短缺的阶段，因此，为了能够给孩子们买一双鞋，加缪可谓费了九牛二虎之力。加缪从美国纽约的朋友那里得到了帮助，朋友给他们一家寄来了肥皂、尿布、食品、袜子等等。

在法国的莫尼埃书店，有朋友还经常遇到加缪，因为他常来这里领取阿根廷人民寄给作家的一些食物包裹。

第五章　隐秘的绝望

1. 纽约之行

> *相信生活的意义，一直意味着一种价值等级，一种选择，也意味着我们的种种偏爱。*
>
> ——加缪

在法国政府的全力赞助下，加缪作为官方代表，得到了一次访问美国的机会。他作为文学界的杰出作家、抵抗运动的代表人物和社会活动的积极分子奔赴美国考察，重点是对美国的各个大学进行巡回演讲。这次旅行是一次带薪假期，可以说是政府对杰出公民的一次奖励。

加缪登上奥尔贡号时才发现，这竟然是一艘货轮。用餐时，全体乘客只能挤在很小的一个餐厅用餐。在船上，加缪认识了一位医生，这名叫吕贝的精神病医生，后来成了加缪的朋友。

1946年3月25日，奥尔贡号终于到达了美国。船靠岸后，移民局的工作人员就对乘客一一盘问，问他们曾经是否参加过共产党，是否有共产党的朋友等。加缪对此有些反感，因此拒绝回答他们的问题。

同行的代表团成员，迟迟不见加缪从盘问室出来，于是去看看到底发生了什么事，只见加缪怒气冲天，说他有许多共产党的朋友，但不会把他们的名字说出来。双方一直僵持，警方把他扣留着，加缪的队友见局势不妙，马上到法国驻纽约文化处报告，不久，一位密使紧急前来帮加缪解了围。

第二天，加缪在法国驻纽约文化处的接待室，举行了一个记者招待会。在发言中，加缪提出了昨天被扣留的事，他表示对移民局的问题感到十分震惊。随后，又有记者问他关于他的哲学立场。加缪说，自己还很年轻，还不具备形成自己完整体系的条件。接着，他又说道："在我的哲学里，充满了许多不确定性和怀疑，我不觉得存在主义是一个流行的派别。"

早在3月4日，纽约的《纽约先驱者论坛报》便用整版的篇幅，报道了加缪的这次访问，文章甚至把加缪称为"当今法国最具胆识的作家"。

哥伦比亚大学语言系的主任对加缪充满赞赏，他对记者说道："加缪是当今法国最有前途的数名青年作家之一，无疑，萨特为他开辟了广阔的道路。如今，一些文学报纸，在提到'加缪'这个名字时，都采用非常尊敬的态度。"

到纽约的第三天，加缪去拜访了《纽约人报》的著名专栏作家——利埃布林。几天后利埃布林就回访了加缪下榻的旅馆。

利埃布林会讲一口流利的法语，他十分钟情法国的各种文化，因此对加缪表现出极大的热情。他们相互分享了各自办报的经验，还谈到了各种文学作品。利埃布林表示，加缪即将在纽约上演的戏剧《卡里古拉》，让他十分期待。

3月28日，这一天，对加缪来说非常重要。在两位抵抗运动作家的陪同下，他要去哥伦比亚大学进行一次公开演讲。这次的演讲稿，加缪整整花了一天的时间去准备。他把这次演讲的题目定为《人类的危机》。

当加缪走进哥伦比亚大学的礼堂时，发现这里至少坐了1200名听众，当他走上讲台，面对台下学生们一张张青春热情的脸，加缪突然感到有些怯场，但很快，他就调整过来了，并最终以出色的演讲，征服了所有的听众。

他谈到了1939年爆发的第二次世界大战给人类带来的危机，谈到了巴黎被占领时期的地下斗争，他还讲述了四个小故事，说明战争给人类带来的危机确实是存在的。

加缪还提出了设问——我们应该做什么呢？然后他说道："对于战后的现状，我们都应该直言不讳，并且我们要意识到，如果你对某些思想表示出容忍，那就意味着，将有数以百万计的人被杀害。"

当加缪讲完后，与会人员上台建议，在散会时，听众再付一次入场费。这次门票的收入，明显多过第一次。因为，大家被加缪的这次演讲，深深地折服了。

4月6日，纽约的法语周刊《胜利》把加缪的这次演讲吹捧为"法兰西的一个盛大节日"，并表示，这次演讲将在美、法历史上，占据非常重要的位置。

来到美国不久，加缪就结识了各种各样的朋友，他们陪他一起喝酒、散步、探讨文学。同时，他还与吕贝医生保持着联系，因为加缪一踏上这片土地就得了感冒，因此常常给吕贝打电话，以求得到一些安慰。

吕贝医生发现，加缪似乎总是希望身边有人做伴，仿佛很害怕孤单。因此，吕贝常常陪这位病人一起去咖啡馆，或去夜总会听爵士乐。无疑，来到这座远离亲朋好友的城市，使加缪备感孤独。而年长的吕贝，恰好能表现出一种父亲般的情感，使加缪感得到一丝慰藉。

有一天，加缪甚至让一个朋友陪他去一家贫民区的夜总会，这里的女演员年龄偏大，肥胖、憔悴，她们在舞台上故作媚态、蹦蹦跳跳，朋友觉得虽然能引人发笑，但实在有失体面。然而加缪并不这么认为，他在日记中写道："这才是具体的东西。"

加缪把这座城市给他的印象和所见所闻，写成一封很长的信，寄给了巴黎的好朋友米歇尔。信中说，纽约对他来说仍然一无所知，但这座城市给他留下了美好的印象。

4月16日，在法语学院的演讲结束后，加缪认识了一位聪明伶俐，又美貌非凡的女子。她名叫帕特丽西亚·布拉克，在《时尚》杂志工作。加缪很快就被这位年轻的女子吸引了，因为布拉克不仅能够讲一口流利的法语，还对纽约非常熟悉，无疑，她将是加缪最称心的导游了。他们很快就互生好感，并定好了约会。

此后，他们常常在一起吃午饭，布拉克白天工作，加缪演讲结束后，晚上和她一起聊天、散步。有时加缪外出做报告，也把布拉克一起带去，《鼠疫》的一部分稿子，就是布拉克帮忙打出来的。

4月29日，加缪在威尔斯莱大学进行了题为《当今法国文学》的演讲，他与学生们交谈了当代法国作家的思想体系，当有学生问他为什么要离开存在主义运动时，加缪表现得有些不耐烦，他明确说道，自己从来就不是存在主义分子，然后又表述一番与萨特的分歧。

就这样，加缪在美国各个大学进行了巡回演讲，到了5月26日，加缪就一心想着快点回法国了。

回巴黎前，加缪给家里寄了一个80公斤的包裹，包括：3公斤咖啡、3公斤巧克力、1.5公斤面粉、2公斤大米、3公斤食糖、14公斤肥皂及一些婴儿食品等等。

经过10天漫长的航程，6月21日，轮船终于在法国波尔多港口靠岸，米歇尔夫妇早就在港口等候他，加缪拖着疲惫的身躯，坐米歇尔夫妇的小轿车回到了巴黎。

2. 《战斗报》的命运

顺从灼热的激情，这既是最容易的又是最困难的。

——加缪

一回到巴黎，加缪接二连三获得了很多勋章，让他有点应接不暇。但是对这些荣誉，每一次他都尽可能地推卸掉。

他在给小学老师日耳曼的信中写道：

这些都不是我想要的，这些勋章我是不会佩戴的，和身边的朋友相比，我所做的，实在是太渺小了，然而，你们看，那些牺牲了的战友，他们却没有得到勋章。

虽然加缪没有刻意追求名誉，但不可否认，这时的加缪，已成为一位真正的名人。加缪回到巴黎后，在报纸上刊登了一则招聘启事，想为两个孩子雇一个保姆。不久，一个年轻的女子前来应聘，她很快就被录用了，但是她干起活来很不利索，明显缺乏做保姆的经验。

有一天，加缪的朋友来家里做客，当加缪的保姆给他端上咖啡后，他的脸色变得十分奇异。朋友走后，马上打电话给加缪，告诉加缪那个保姆其实是一名记者。

加缪和妻子听说后，感到十分震惊，他们直接把保姆叫来质问，保姆承认自己是一名记者，是为某杂志专门写丑闻的。加缪找到这家杂志，对他们发出严厉的警告，并且不许他们刊登自己的一切文章。

处理好一切事情后，加缪告诉自己，要认真回到写作上了。眼下，他首先要完成的是《鼠疫》，同时还撰写关于叛逆的随笔。

加缪还向老师格勒尼埃讲到了自己对《鼠疫》的疑虑。但此时格勒尼埃远在埃及，真的是爱莫能助。在1946年6月10日，加缪的这部作品，第一次没有经过老师格勒尼埃的审阅，就进行出版了。

《鼠疫》出版后，加缪终于放下了心中的一块石头。接下来，他将有更多的时间，去完成其他的计划。

从纽约回巴黎后不久，加缪就目睹了《战斗报》的变化，这一切变化都让他不快。比如，抵抗运动年代所形成的"一致行动"，早就不复存在。另外，报社里左翼得势，他们正努力把报纸引向他们主张的方向。

自从阿隆来到《战斗报》的编辑部后，人们认为是他把《战斗报》引向了右翼。阿隆是萨特的好朋友，他原来是一名大学学者，在二战时期，他曾担任伦敦《自由法兰西》的主编。

《战斗报》的发行量每况愈下，一方面由于纸张匮乏，他们不得不削去一些版面，而这些版面的文章，曾吸引着知识界的一批读者；另一方面，印数减少了，销量明显下滑。在1944年，巴黎解放后的几个月里，《战斗报》销售量有20万份。然而，到1949年，销量只有不到10万份。

事实上，要保持印数又不改变质量，是一件很难的事情。

加缪准备去山区疗养前，《战斗报》举行了一次创办人的会议。加缪参加了这次会议，另外还有皮亚、雅克琳娜、布洛克·米歇尔、阿舒勒等。会议中，他们谈到了《战斗报》的生存危机，加缪被邀请出山，他想了一下就答应了。于是，他把这件事跟伽利玛出版社沟通了，因为出山，意味着他必须暂时放弃"希望"丛书的编辑工作。

每天，他只需回《战斗报》报社工作两个小时，更重要的问题是，他可以凝聚士气，恢复大家长久以来的沮丧心情。

然而，不久后，《战斗报》又面临了资金短缺的问题，并且这种窘况日益恶化。皮亚面对回天乏力的状况，持悲观态度，他认为一份有思想性的报纸，很难长期生存下去，最终只能停刊。

假如停刊，那么大伙都将失业，因此大家都不希望看到这个结局。加缪和皮亚的分歧也由此产生了。皮亚从《战斗报》自由发行的第一期起，就一直作为幕后英雄默默无闻地工作，而加缪作为一位明星作家，可以说是想来就来，想走就走，对此，皮亚颇有微词。

有一天，当加缪回到报社时，皮亚嘲讽道："我们的救世主回来了。"

不久，皮亚就声称"太累了"，有史以来第一次请长假外出度假。后来，报社的人员又收到了皮亚的一份电报，说他再也不回报社了。

加缪对于皮亚的离去，并没有发表任何意见，因为当编辑部的人出来攻击皮亚时，加缪没有站出来袒护他，而是选择了沉默，皮亚感到很生气，这让两人的关系更加僵化。

有一天，《战斗报》的股东布尔代给报社打来电话："我找到愿意出资的人了，你们不能把报社给毁了。"

接电话的是雅克琳娜，她说要征求其他负责人的意见，布尔代一听就急了，他说这份报纸不属于报社的员工，他们谁都没有清算这份报纸的权力。

布尔代很快就回到了报社，在1947年6月2日，他和其他5名股东（皮亚、加缪、雅克琳娜、奥利维埃、布洛克·米歇尔）签署了一份议定书。议定书中声明，这五名股东愿意按面值把他们的股份转让给布尔代。

对加缪来说，虽然未能如愿把《战斗报》改造成自由论坛的报纸，但这种境况下把股份转让出去，也算松了一口气。

加缪后来给报社的一位排字工人写信道："为什么我们总是缺少经费？那是因为我们都太诚实了。作为新闻媒体，在希望破灭前，我们曾想象它能够称职并且自尊，然而此时，它却成为这个国家的一种耻辱。"

1947年6月3日，加缪在《战斗报》发表了一篇题为《致本报读者》的社论。文章刊登在报纸的头条版面，标题用黑线加框突出。文章中，加缪宣布了报社各个董事辞职的消息，并表示，报纸将继续出版。

股东解散的最后一天，编辑部的成员在加缪住所旁的一家餐馆聚餐，加缪把下星期正式发行的《鼠疫》的赠本每人送了一册。这次散伙饭，大家都吃得很难过，因为办报纸是他们共同的理想，然而实业界严酷的现实，又确实让他们饱受煎熬。

加缪离开《战斗报》的声明见报后，读者们纷纷表示惋惜，也有的表示抗议。加缪的一位老朋友正要对加缪表示遗憾时，加缪镇定地说，还有其他的事业等着他去完成，他已经没有更多时间可以浪费了。

3. "如果有人偷我的车，那是因为他们需要它"

> 人是他自身的目的，而且是唯一的目的。假如他想成为什么，也是在人生中进行。
>
> ——加缪

《鼠疫》出版后不久，加缪就捧回了"文学评论奖"的奖杯。这次获奖并不顺利，直到第三轮才最终胜出，因为评委们在表决前两天，才拿到《鼠疫》。

不过，像这一类的文学奖，大部分都是由出版商自己赞助举办的。因此，有些评选的结果未必公平，虽然加缪没有参加这样的交易，但"文学评论奖"评委会确实是由伽利玛出版社的同事们组成的，因此，加缪仿佛也脱不了干系。

结果出来后，有一家报纸含沙射影，暗示加缪获得这个奖是因为伽利玛出版社在背后支持所致，还表示另一位出色的青年作家应该获得该奖项。

加缪看到这些文章，心里很不痛快，况且，该奖的10万法郎奖金，他也从未领取。不久后，他又辞去了"七星奖"评委的职务，这个奖的评委会也是由伽利玛出版社的人员组成的。后来，加缪又拒绝了一个"荣誉勋位"的称号，尽管这个称号并非伽利玛出版社所能左右的。

不过《鼠疫》的畅销，稍稍让加缪感到宽慰，从6月出版，一直到秋天，销售了将近10万册。他还跟朋友们打趣说："看来以后每次上餐馆吃饭，我得慷慨地为大家结账了。"

实际上，在这之前，加缪已经债台高筑。加缪与出版商签署了一份合同，他将获得销售额的15%作为稿酬。妻子趁机为孩子们添置了一批衣物和一些生活用品，因为她很清楚，跟以前一样，有钱只是暂时的，很快，这些钱将被加缪花光，生活又会陷入穷困。

加缪纽约的朋友基亚罗蒙特，在《支持者评论》中发表文章写道：

> 《鼠疫》并非一部没有缺点的作品，但是，它也不是
> 一部为了取悦读者写就的书。在书中，我们可以看到一种
> 真诚朴素的人性，以及理性的光辉。

为了处理日渐频繁的事务和应酬，加缪变得有些疲于奔命，伽利玛出版社很快就为加缪找到了一位做事果断、性情泼辣的年轻秘书。从这以后，加缪尽量隐藏自己的个人行踪，一些信件、电话、约见，都要经过秘书拉比什小姐的过滤。

拉比什小姐对加缪忠心耿耿，上任后，她马上为加缪制定了一套有效的抗干扰办法。然而，加缪是个习惯夜生活的人，多数晚上，他都在外面和朋友喝酒、跳舞、聚餐。因此，他常常遭到记者的跟踪，他不止一次对跟踪他的人大发雷霆。

成名从另一面看，也给加缪带来了一些好处，那就是，加缪从此有理由跟出版商提高自己的价码，稿酬收入多了，终于可以摆脱长期以来的穷困潦倒，人们对他也越发尊敬。

然而，无论他怎么合理安排，应邀参加的活动始终应接不暇，他在这个越来越庞大的交际圈中，感到个人的力量已经无法做到面面俱到。因此，无意中总是得罪了一些人。他没办法做到接受所有人的邀请，于是，在这些受到怠慢的人心中，便从此结下了仇恨的种子。

老师格勒尼埃还注意到，加缪用完轿车后，从来都不锁车门，加缪仿佛并不十分在意，他对此解释道："如果有人偷我的车，那是因为他们需要它。"

作为加缪多年的老师和朋友，格勒尼埃还是很了解加缪的，他知道加缪清楚自己的价值在哪里，什么是重要的，什么是次要的，加缪自己分得很清。因为他是从一无所有的贫困中开始奋斗的，每向前走一步，都会烙下清晰的印记，这种蜕变的痛苦，让他比别人更需要尝到成功的滋味，现在他可以肯定地告诉自己，自己是强大的。

《卡利邦》是一本很奇异的杂志，1949年2月开始采用袖珍开本，还用廉价的纸张进行印刷。创刊时定为周刊，但几乎每月只发行两期，后来干脆改为月刊，每月一期。在杂志的封面上，读者常常找不到哪月哪期发行的标志。刊物的定位是"大众化"，封面设计绚丽夺目，用色非常大胆，然而，仿佛又与杂志的内容相悖，因为里面的文章，都是十分严肃的。

1949年11月，在《卡利邦》上，加缪陆续刊登了题为《不作受害者，也不当加害人》的系列文章。文章明确指出，那些参加抵抗运动的人，他们的动机是不同的：

拥有傲慢天性的人，是因为他们的骨子里不能接受失败；抵抗运动的真正战士，由始至终他们会站在受压迫者的一边；而革命者，他们能够洞悉到，资本主义和法西斯主义之间的关系。

这三类人归结为三种派别：共产主义、资本主义和第三力量。无疑，加缪把自己的政治立场列入第三种可能中。加缪努力把和平主义作为目标，有人说他反对死刑，拒绝承认合法的谋杀，因此也逃脱不了成为某个阵营的帮凶。

对此，加缪感到十分愤怒，他立即发表了一篇题为《骗局在何处》的文章进行回击，他有力地反驳了把他当成非暴力论者的观点。他说，在德国纳粹占领巴黎的时候，他明白了一个重要的道理，那就是，暴力是无法避免的。不过，他反对合法化的一切暴力行为。他认为，这种暴力行为，无论是来自极权主张，还是来自专制的国家，都是要坚决否定的。

加缪还发表观点说，与暴力本身相比，暴力机构更加令人憎恨。加缪承认自己是从苦难中发现自由的，他并不想反对社会主义，也不想反对资本主义，他要反对的是帝国自由主义。因为它更容易使用原子武器来发动惨无人道的战争。

结束了这些争论后，加缪决心把精力投入到写作中，他在日记中催促自己道："时间紧迫。"日记中还凌乱地记下了有关俄国、法国革命哲学家的笔记。另外还有对新作《正义者》的构思设想。

加缪还和好朋友米歇尔谈到《正义者》这部戏，他想让玛莉亚·卡萨雷斯来担任女主角。曾经与加缪过从甚密的玛莉亚，自从与加缪疏远后，演了一部有争议的戏剧，当有朋友和加缪谈到这部戏时，加缪冷冷地回答道："噢，我是个背时的人，你知道的。"

直到1948年，加缪和玛莉亚才在迪兰夫妇举办的晚会上重逢。

4. 苦果

> 我意识到，希望不可能永远被回避，而有可能纠缠那
> 些想摆脱希望的人们。
>
> ——加缪

1948年1月19日，加缪启程去瑞士看望好朋友米歇尔，米歇尔住在瑞士莱赞的一家疗养院，他因结核病发作，需要卧床疗养，由于当时对结核病还缺乏有效的药物，米歇尔还要在这里休养整整八个月。

来到这个风景胜地，加缪发现了美妙的山谷、山峰、云和雪，同时激发了他的感慨，于是，在他的日记中，我们可以看到这样的文字：

> 我之所以从这个纷繁的世界引退，并非因为那里充斥
> 着我的敌人，而是因为那里有我最好的朋友；也不是因为
> 那里的敌人照例在说我的坏话，而是因为敌人把我看得太
> 过高大。这是我难以忍受的谎言。

在《鼠疫》取得空前的成功后，加缪似乎一直刻意往后退，他要和那些围拢过来的人保持距离。

这一趟来瑞士，总的来说让加缪感到很满意，其间他对《正义者》打好了腹稿，一回到巴黎，就下笔写了开头的几场戏。

1月初，弗朗辛带着双胞胎儿女回到了老家奥兰，不久加缪也来到奥兰与他们相聚。加缪教两个孩子学说话。

加缪问："谁是《鼠疫》？"

儿子让回答道："卡特琳是《鼠疫》。"

加缪又问："谁是《霍乱》？"

女儿卡特琳回答说："让是《霍乱》。"

"那么，谁是受害者？"加缪最后问道。

两个孩子天真地一起回答道："爸爸！"

与家人短暂地相聚后，加缪在朋友路易·吉尤的陪同下，一起重游了蒂巴萨，加缪又顺道回阿尔及尔探望了母亲，然后去拜访了老朋友罗布莱斯。

在罗布莱斯的家里，加缪埋头开始写剧本《正义者》的第四幕戏。罗布莱斯还以阿尔及利亚广播电台记者的身份采访了加缪，加缪给他作了一个书面回答。加缪还拜托朋友帮他在蒂巴萨物色一栋房子，他开始渴望一处可以隐居的地方，因为在巴黎，他已经感到被人们围得水泄不通，无数的羁绊让他感到呼吸困难，但朋友们帮他四处打听，都没有找到合适的。

在回巴黎的飞机上，由于飞机的四个发动机发生故障，这时，加缪的幽闭症又发作了，过去当他处在封闭的空间里，就经常发生昏迷，这次他又切实地昏了过去。

当飞机安全降落巴黎后，加缪又在考虑搬离巴黎的计划。其实，加缪从来就没有认真考虑过，自己到底要去哪定居。眼下他希望《戒严》能够成为上演的剧本，于是，他带着这部需要修改的剧本，和诗人勒内·夏尔一起去了普罗旺斯。在那里，加缪整整工作了一个夏天，他对剧本作了大量的修改。《戒严》预定在秋天公演。

回到巴黎，加缪突然感到非常委屈，因为他发现，巴黎现在住的这套公寓，阴暗龌龊，又零乱狭小，他跟老师格勒尼埃诉苦，他说自己为了完成《戒严》，已筋疲力尽了，并且一个多月以来，他每天都从下午3点，一直写到深夜2点。事实上，直到排演开始后，加缪还一直在改剧本。

玛莉亚答应出演女主角，这让加缪为这部戏更加卖力，大家为了给这部戏取一个响亮的名字，天天冥思苦想。有一天，剧团的一个成员想出一个好办法，用这句观众出门前说的话"亲爱的，请换上晚礼服，我们去看……"试着搭配，比如，"亲爱的，请换上晚礼服，我们去看《鼠疫》"读起来就不是很顺，最后大家还是觉得"亲爱的，请换上晚礼服，我们去看《戒严》"叫起来最顺、最响亮。

1948年10月27日，在马尼里剧院进行了《戒严》的首演，这次演出的阵容，空前豪华。巴罗是总导演。服装和布景是由著名戏剧家阿尔托的朋友巴尔蒂负责。背景音乐由奥纳热倾情制作。这次的演员，也是由当时一批著名的专业表演艺术家组成。人人几乎都可以断定，这部剧成功是理所当然的。然而，事与愿违。公演结束后，加缪又一次受到了负面评论的轮番轰炸。

一些尖刻的评论家，试图在现实生活中，寻找剧中人物的原型。然而，很显然，他们的希望落空了，他们发现，在现实生活中，找不到有血有肉的人物形象。

另外，还有一些评论家认为，故事的情节有点呆滞，不够流畅，太过刻板和公式化，人物个性的塑造缺乏说服力，他们认为，整部戏中，人为编造的痕迹太过明显，线条僵硬，仅仅只是把神话故事改造成具有巴罗导演风格的戏剧。评论家们的批评，毫不留情，尖刻地指出，这是一部不伦不类、混合而成的产物，实在让人难以满意。

加缪的死对头《费加罗报》挑剔地认为：

虽然剧本有一定的诗歌价值，演员也发挥了自身的才华，然而，对剧中华丽的辞藻实在不敢恭维，显然，编剧与观众之间，并没有任何沟通可言。

《十字路口》的记者巴雅沃，刊登了自己的观后感受：

我觉得自己从来没有如此难受过。

《世界报》也发表了对这部剧的态度：

这真像是一幅夸张的讽刺漫画，寓意幼稚、可笑，让人失望极了，整部戏中，笼罩着一种苦涩的忧伤和沉闷，又让人产生厌倦……

连加缪从前主编的《战斗报》也泼了脏水，文章主要指责导演巴罗，说他的风格很不适合导演当代剧。

一切努力都白白付出了，剧团里的每一个成员，都感觉到非常伤心。巴罗说，他首次尝到了失败的苦果，他担心自己的导演生涯是否就此完结。首演结束后，加缪想把《戒严》改成一部露天剧，但他不想再和巴罗合作，因此，两人的关系出现了不可弥补的裂痕，他们再也无法愉快地合作下去了。

后来，加缪在美国版《戒严》的引言中说，这部戏曾经毫不费力地受到了法国评论界的一致批评和否定，很显然，没有一部作品能够得到这么完整、这么彻底的批评。更让人遗憾的是，加缪自己把这部剧看作是具有个人风格的作品之一。

5. 巴利亚里群岛的灯光

人用神性交换幸福。

——《基里洛夫》

1948年12月的一天，加缪突然接到家乡传来的坏消息，他最敬爱的姨妈，被紧急送入医院了，还必须马上进行手术。听到这个噩耗后，加缪立即停止了一切活动，搭乘了夜间的一个航班。

因为忧心忡忡，在飞机上，他一点睡意也没有。他只是静静地望着窗外的星空，又低头在本子上写下了这句话：

巴利亚里群岛的灯光，恍如海洋上盛开的鲜花。

第二天，加缪整个白天都守候在姨妈的病榻前，加缪的母亲沉默地坐在一旁。母亲劝他出去吃点东西，加缪不舍地走出医院，他漫步在这个自己出生的城市，童年贫困但美好的时光，一下就涌上心头。

此时，天空突然下起了暴雨，仿佛老天也为他历尽辛酸的人生，洒下了动人的眼泪。加缪感到一种说不出的痛，他独自一人，安静地站在街角避雨，他望着远处，突然觉得自己仿佛到了世界的尽头，一切都那么虚幻。

在阿尔及尔一觉醒来，加缪发现大街小巷都充满了阳光。前路似乎又一下子充满了希望。不久后，加缪的姨妈还要进行第二次手术，这意味着加缪还要在阿尔及尔待一些日子。在这段焦虑的等待中，他除了陪护病人，还故地重游，并拜访了一些旧时的伙伴。

在日记中，他写下了自己真实的感受：

> 这些变得苍老的面孔，我犹豫了好一阵才勉强认出来，在朋友举行的晚会上，规模十分盛大，仿佛就像一座随时让人迷失的城市。在这里，我已身不由己，随着一股巨大的人流，滚滚向前，一直滑向一个无底的深渊。人流一浪接着一浪，后浪盖过前浪……

有一天，加缪和几个老朋友在学院啤酒屋聚会，商量一起筹建一家新的出版公司，专门出版阿尔及利亚和法国的文学作品，那时，出版人夏洛的生意并不好，于是打算放弃自己的生意，加入到这个计划中。

他们打算，把已停刊的《海岸线》杂志，与埃德蒙的仙人掌出版公司合并在一起。书籍的印刷、装订由安德烈奥负责，他资助大部分的运作费用。加缪还计划把拉里韦的《精神》作为丛书出版。

但是他们的图书公司，最终只出版了罗布莱斯的一本研究诗人加西亚·洛尔迦的专著。因为公司刚运作不久，安德烈奥就病倒了，并在不久后突然去世。这对新成立的公司，无疑是一个致命的打击。结果，《海岸线》杂志又一次夭折了。其实，这本杂志一直牵动着加缪的阿尔及利亚情结，对它有一种难以割舍的情怀。

在阿尔及尔短暂逗留的日子里，加缪感到始终有一种难以言喻的惆怅。有一天，他独自去看了童年时和祖母一起住的老房子。他也想过，把自己现在的生活状况全都告诉母亲。然而，后来又想了想，还是没有说。因为他知道，母亲只要自己平安、健康就够了，其他东西，对她来说都不重要。

直到确定姨妈的身体状况稳定后，加缪才放心地回到了巴黎。

尽管加缪总是为某些事业奋斗，但他常常尽可能保持沉默，他喜欢站在幕后对事态进行干预，而不是采用比如集会、请愿、发表宣言等政治行动的方式。

由于名气越来越大，加缪在一些请愿书上的签名，分量也越来越重，他开始有意识地提防那些骗取他签名的人，他宁愿单独秘密行动，因而，有时也得罪了一些大张旗鼓倡导各种运动的朋友。

不久之后，加缪乘飞机去了一趟伦敦。因为他的戏剧《卡里古拉》即将在伦敦进行首演。然而，这趟外出让加缪感到糟糕极了。飞机在伦敦降落后，他就觉得自己像来到了一座冷冰冰的空城，白雪把整个城市都覆盖了。接着应英国一位导演的邀请，他们在一家希腊餐馆用餐，然而加缪对那些食物一点也提不起食欲，连下榻的旅馆也让他觉得糟糕透顶。

一天晚上，他去现场看了首演前的排演，这部通过英国导演新编的《卡里古拉》，实在让加缪啼笑皆非，他起身离开，想找酒吧喝一杯，附近的酒吧，门却都是关着的。他不得已，来到一家就近的咖啡馆，喝完咖啡后，就回到了旅馆，然而因为这杯咖啡，让他整整一夜没合上眼。

到了首演那天，现场的观众，大多数是英国上流社会的贵妇人。当加缪一想到观众认为这是巴黎戏剧的代表时，他就觉得心颤。首演一结束，加缪立即就计划回巴黎了。

在去伦敦前，加缪和朋友们商量过一项计划，想集资筹拍一部关于阿尔及利亚的电影，加缪对演员朋友布朗沙尔说：

"这应该是一部讲述关于爱情的故事。"

在这次计划拍电影的聚会上，加缪给新朋友布朗沙尔留下了深刻的印象：

> 加缪有一双在我们国家十分罕有的眼睛，双眸是迷人的青绿色，这泄露了他不是本地人的秘密。他的面部表情丰富又多变，皱纹已过早出现，这可以说明他是个容易激动的人，他常以机智的口舌与人斗智，富有鲜明的人格魅力。

朋友对加缪的这项计划，都表示赞同，他们都认为，这对阿尔及利亚来说，是一件好事情，比如，能够促进那里的旅游业。

于是，加缪和朋友们，联名给阿尔及利亚的知识分子写了一封信，征询他们该如何拍这部影片。信中还表示，如果把它拍成商业片，只会毁了人们对真实的阿尔及利亚的了解，他们希望，这部影片能够朝着健康、正义的方向，以体现阿尔及利亚的魅力。

然而，这个计划，大胆又过于理想，最后不了了之。加缪的另一位朋友在报纸上发表了一篇文章否定了这个"伟大的幻想"。

电影计划不了了之之后，加缪很快又投入到另一项计划中，他着手制作了一部名为《沉默的巴黎》的广播剧，主要反映被德国纳粹占领时期的巴黎。剧中的对白，出自一个旧书商之口，这位书商说道："说不上好，也说不上坏。仿佛是一种时间的缺席，对这座城市的人来说，这是一段既没有日期，也没有色彩的时光。"

加缪还为广播剧配上了大逃亡时的汽车喇叭的嘈杂声、人们在食品店前排队时的议论声，以及遭到轰炸和空袭的炮火声。

不久，《沉默的巴黎》就在法国电台播出。当人们重温了这段苦难的日子，反映普遍比较乐观，甚至还有人说，那段时光还不错，因为他听到了，臭味相投的帮凶者的沉默，听到校园里孩子们的嬉闹，并且看到一位姑娘与昔日的恋人重归于好……

6. 病情加重

如果人生是没有意义的，就更值得去经历它。

——加缪

1948年6月至8月，在这两个月中，加缪对拉美国家进行了马拉松式的访问。访问进行得并不顺利。加缪甚至告诉同行的朋友，他感觉自己中了邪，后悔不该接受这次漫长的出访。

事实上，加缪的感觉还是很准的。这次出访，将是他人生最后一次出国交流。在漫长颠簸的旅途中，朋友注意到他神色不自在，并且多愁善感。

当邮轮鸣笛起锚，并缓慢驶离码头时，加缪的双眼，会突然充满了莫名其妙的眼泪，他只能强忍着泪水，回到船舱开始动笔写旅行日记，他没有错过一点一滴的感受，全都记录下来。

在日记中，他坦白地写出自己的真实感受，他毫不隐瞒地叙述：

> 在我的脑海中，浮现过两次自杀的念头。有一次，我双眼紧紧地盯着大海发愣，感觉到整个脑袋被什么戳住，太阳穴烫得吓人。我想，我现在终于明白了，人到底是怎么想到自杀的。

7月15日，邮轮在巴西的里约热内卢靠岸，船还没停稳，加缪就看见岸上聚集了许多当地的新闻记者和摄影记者。一下船，人群就向加缪围过来，记者又问到加缪关于与存在主义关系的老问题，对这类的问题，加缪都予以否定的回答。

很快，加缪就被带到一个热闹的午餐会，饭后，他又赶赴了一个招待会。对这样被人摆布的日子，加缪觉得如此厌倦。然而，此时箭已离弦，他不得不硬着头皮，把行程继续下去。

7月20日，加缪在里约热内卢首次发表正式演讲。7月25日，刚从巴伊亚州回到旅馆，加缪感到身上一点力气也没有，发现自己连张纸也拿不起来，他以为这是流感所致，于是，整个白天他只能卧床休息。

等身体恢复了一点，8月3日，他又去了圣保罗进行演讲，那里经济发展之迅速，就像一道闪电，令加缪惊讶不已。

圣保罗的演讲结束后，接下来的行程，让加缪的身体状况雪上加霜，他们一行人连续驱车行驶了12个小时，然后又转乘临时的渡轮，横渡了三条大江，在一天的午夜，他们终于到达了目的地——伊加普，这是一个很小的城市，旅伴们在一家医院里过夜，那里连自来水都没有。

第二天，他们要在这座小城参加一个例行的宗教节日。在这里，聚集了各个阶层、各种肤色的朝圣者。加缪还听说，有人为了这次节日，整整赶了5天的路。

返回的路，对加缪来说同样艰辛，第二天回到圣保罗，上午还要参加一个哲学家的圆桌会议，结束后，加缪又出席了圣保罗市法国侨民的午餐会。下午两点半，他又去了法语协会演讲，16点一行人去观看斗蛇表演，20点还必须出席一个讲座。

巴西的访问结束后，加缪和旅伴们准备前往下一个目的地——智利。

8月14日，他们到达智利的圣地亚哥。来到智利，总算给加缪带来了一些惊喜，他发现，这个国家地处汹涌的太平洋和安第斯山雪峰之间，而圣地亚哥周围的山坡上，盛开着杏花和橙子花。这天然美好的自然景致，扫去了加缪心中连日来的阴霾。

不过，智利的行程安排得也非常紧凑。

8月15日，加缪在智法文化学院进行了一次关于法国当代文学的演讲。演讲结束后，加缪在记者们的簇拥下，步行回到了下榻的酒店。

8月17日，加缪来到智利大学为学生们演讲，主题是《小说与叛逆》。午餐时又和教育部长进行了一次长谈。

8月20日，访问团又回到了巴西里约热内卢，由于精神连日来高度的紧张，加缪患上了失眠症，这让他感到疲惫不堪，精神和身心仿佛濒临崩溃。如果身边有5个以上的人作陪，他就会感到呼吸困难，难以忍受。

幸好，行程马上就要结束了。不久，他就乘飞机回到了巴黎，接着，他又驱车赶到普罗旺斯接妻子一起回巴黎。巴黎正下着滂沱大雨，途中，加缪一不小心驶出了车道，幸好当时路上没人，没造成事故。当夫妻俩回到巴黎，弗朗辛发现丈夫整个人像从蒸笼出来一样，浑身发烫。

事实上，在登上邮轮前，加缪的结核病复发，已显露端倪，那时他还以为是流感和旅程的疲惫所致。一直以来，加缪都是结核病的带菌者，在当时，要治愈这种病，还找不到有效的办法。

一回到巴黎，加缪就开始闭门谢客，医生给他使用了链霉素后，嘱咐他要完全卧床休养，至少要两个月。每天，加缪躺在床上写作和阅读，有时精神好些，他就去埃贝尔托剧院看《正义者》的排演。

萨特和波伏娃也去看了《正义者》的彩排，他们觉得戏演得相当不错，只可惜剧本有些程式化。玛莉亚在其中出演一个恐怖分子的角色，她这次重新登台演出，完全是为了这位重病缠身的朋友，向来挑剔的《费加罗报》的记者戈蒂埃也被玛莉亚感动了。

其他报纸对这部戏褒贬不一。

《人道报》的评论说：

> 戏的主题岂止冰冷，而是冷漠。人物不够真实，对白
> 也显得非常粗俗，剧情离奇虚假。

而《大众报》的评论则说：

> 这是一部激动人心的力作，它让我们看到了人性的真
> 实处境，这是一部非常动人的戏。

《曼彻斯特护卫者报》被加缪认为是整个欧洲最好的报纸之一，他们也发表了独特视觉的文章。文章写道：

> 长久以来，第一次我们得以重新听到，回荡在某些人
> 心中的属于上帝的真实之声，并且，我们不必求助任何神
> 仙。

加缪想在巴黎把病治愈看来是不大可能了，因为一点工作上的小事，就会让加缪偏离休养的航线，于是医生建议加缪去气候干燥、有一定海拔高度的地方进行静养。

加缪向伽利玛出版社请了一年带薪的病假，随即启程前往卡布里斯疗养。这次加缪决定安心静养，他要对自己负责，他渴望把病根治。因为，为了那些未完成的事业，他必须努力生存下去。

7. 与萨特断交

> 倘若一个人在反抗中接受了死亡，并且终于为之死去。这表明他是为了超出个人命运的利益而牺牲的。他宁肯死亡也不愿意否定他所捍卫的权利。
>
> ——《反抗者》

卡布里斯的山坡开满了合欢花，山脚矗立着高大的橄榄树，百里香正在盛开，在卡布里斯休养的日子，加缪每天呼吸着新鲜的空气，身体明显好了许多，因此《反抗者》的写作计划进行得异常顺利，他甚至觉得，离开卡布里斯之前，可以把这本书写完。

为了这部作品，加缪已经准备了整整十年，这期间他不断地记录、做笔记、读书。《反抗者》是一部以历史为大纲的作品，通过对历史深入研究关于反抗的各种形式和理论，目的是想揭发蜕变和堕落的原因。然后对反抗命运的真正轨迹进行刻画。

1950年2月中旬，山区疗养地的雨水多了起来，这种阴雨天，隔绝了朋友们的到访，让加缪长期处于一种孤独状态，不禁又让他沮丧起来。

3月底，预计的疗养时间接近尾声了，书虽然未能完成，但加缪感到身体好了很多，元气仿佛已经恢复，而且体重已达到了65公斤。

回巴黎之前，他去医院做了最后一次检查。但医生郑重地告诉他，他的病还没有痊愈，尽管他真的很想结束这里孤单苦闷的日子，但他最后还是听从了医生的劝告。

一直到了9月，加缪才回到巴黎，他又接着为《反抗者》做笔记，把所有想法一点一滴地老老实实记录下来。

到了1951年1月7日，《反抗者》的写作到了收尾阶段，但这时，世界局势令他产生了担忧。他听说，自1950年11月开始，中国加入了战争，援助朝鲜抵抗美国的侵略，1951年1月，首尔又发生大撤退。这样的战争时局，让整个法国又变得紧张起来。

某天，在音乐会结束后，弗朗辛对波伏娃说道："如果俄国真要打进巴黎，我就和两个孩子一起自杀。"

波伏娃还发现，在自己的很多学生当中，他们达成了一个协议："敌人入侵"时，将集体自杀。

有一天，在巴尔扎克咖啡馆，加缪问萨特："假如俄国入侵你怎么办？"

加缪又补了句："千万别留下！"

萨特默认了加缪的观点，但他知道，如果自己留下来，并保持沉默，苏联人是不敢碰他的。但按照萨特的个性，他绝对不会保持缄默的。

1951年10月18日，《反抗者》终于与读者见面了。加缪给诗人勒内·夏尔的信中写道：

> 《反抗者》终于写完了，一种空虚感突然袭来，这种怅然若失，让我处于腾云驾雾般的抑郁中……

书中，体现了加缪反左翼的鲜明立场，自然很快就获得了反共分子和保守派的赞同。《费加罗文学报》的一篇评论写道：

> 这本书不仅是加缪本人最重要的作品，而且还是当代文学最伟大的作品之一。

《世界报》的著名哲学评论家认为：

"这是第二次世界大战以来，最有价值的作品。"

加缪的死对头莫里亚克，一如既往地持否定态度，他说：

> 在这本书中，让我们觉察到一种不可告人的、特别奇怪的、对谋杀的某种怀念。我认为作者有给敌人提供弹药的嫌疑。

萨特主编的刊物《现代》，在杂志社里的编辑们当然都读过加缪的这部作品，但没有一个打算写书评。萨特本人表示：

> 评论不好，就会玷污作品；但不予评论，也并非好事。

于是，萨特让主管弗朗西斯·让松写一篇《反抗者》的书评。还补充道：

> 你的文笔措辞最犀利，但要尽量做到彬彬有礼。

1952年5月，《现代》杂志刊登了让松题为《阿尔贝·加缪或反抗的灵魂》的文章。这篇文章篇幅很长，足足占了26页。

在回顾了加缪赢得的赞誉后，他分析道：

> 他指责存在主义者，说他们是历史的囚徒。然而，他们并不比加缪本人更加严重，他们之间的区别，只是行动的方式不同罢了……假如加缪真心希望对世界的进程产生哪怕一点一滴的影响，那么，他就应该全身心地参与到历史当中，并且明确自己的目标，选择自己的对手……但我们看到的却是，加缪一直进行静态的反抗，而这种反抗只关系到他自己。

接着，让松又说道：

> 加缪所发出的声音，确实是充满人性和真正的痛苦，但是，这种声音，只会引导大家陷入一种伪哲学中，这种革命，其实是一种伪历史。

最后，让松总结道：

> 首先，《反抗者》是一部失败的巨作。其次，正是因为这样，神话也就因此诞生了。在此，我们一致恳请加缪先生，顶住各方诱惑的声音，以求找回自己的个人风格。
>
> 这样，对我们来说，他的作品才是珍贵的、无可替代的。

这篇文章一发表，无疑向加缪投出一颗炸弹，这让加缪感到十分震惊。这出其不意的打击，让他仿佛成了最失意的情人。他沮丧到几乎都无法工作，一下子对生活失去了勇气。他马上写了一篇答复让松的文章，但还在犹豫要不要发表。

不等加缪的文章发表，文学界对让松的评论，已掀起了强烈的反响。

突然有一天，波伏娃打电话给让松，让他去见萨特。让松发现萨特的心情异常恶劣，萨特告诉他，他刚收到加缪回击的文章。于是，萨特对让松宣布：

> 不管怎样，我决定予以回击。要是愿意，您也可以这么做。

加缪给《现代》杂志写了一封长达17页的信，并发表在1952年8月的那期《现代》上。接着萨特又以20页的篇幅予以回复。

加缪的信是这样开头的：

> 既然贵刊以嘲讽的标题发表了评论我的文章，那么，我也借此契机，对该文表现出来的独特视角和态度，略作评论，以供读者评判。

萨特带有个人的情感色彩回复道：

> "我感到十分惋惜，因为我们的友谊来之不易。然而，今天您非要中断这份友谊，那么，或许它真的到了该中断的时候。一直以来，很多事情让我们聚在一起，很少事情让彼此分开。然而，我今天意识到，这个'很少'已够多了。你看，连友谊本身，也变得如此专制起来，要么是同行者，要么就只能分道扬镳。您对我的指责，我感到非常遗憾，您的语气如此尖酸刻薄，让我难以体面地保持沉默……"

萨特最后说道，《现代》杂志始终对加缪敞开大门。但他不会再作任何回击，他希望用沉默来结束这次论战。

巴黎的各大刊物，纷纷对《现代》杂志的论战文章进行了转载。甚至，连一些三流的杂志，诸如《周六之夜》，也在头版刊登了几张性感的美女照后，赫然刊登这样的大标题：

> 加缪和萨特断交已成定局。

加缪回到伽利玛出版社的办公室后，手中晃着一本《现代》问："你们看过这个吧？"

然而，并没有人附和他，整个办公室的气氛，变得非常尴尬，因为大伙都认为萨特占理，大伙最终也找不到一句话来安慰加缪。

8. 最近的海

> 沉溺于无尽头的坚信中，从此对自己的生活感到相当陌生，足以像情人似的盲目增岁，走完人生历程，这里包含一种解放的起因。

——加缪

1952年的秋天，加缪经过反思，为《反抗者》写了一篇后记。诗人勒内·夏尔见他写完后迟迟未予发表，于是催促他把此文发布出去。加缪经过一段时间的犹豫后，还是决定不予发表。

这篇后记，忠实地记录了《反抗者》漫长的创作过程，还说这部作品是他思考的结晶，并阐述了自己对希腊"正确尺度观"的结论。

1953年夏天，妻子弗朗辛突然病倒了，这让加缪有些措手不及，因为一时间医生也判断不出病因，整个酷热的夏天熬过去了，妻子的身体还未见好转，反而越来越糟糕。加缪突然醒悟妻子的病自己应该负有责任，他一方面想尽义务多陪伴妻子，另一方面他又不打算放弃自己的生活方式。

加缪带着妻子和孩子去了莱蒙湖边的托农疗养，在这段疗养的时光，对加缪来说，是一个写作的好时机，他开始享受着托农的宁静，傍晚在林荫道散步时，常常思考着下一部文集《夏季》的内容。

有时，他甚至不听医生的嘱咐，两次跳到湖中游泳，然而，当他在水中游动身体时，发现已不能像从前一样自如地畅泳，他感到水的压迫，呼吸也越来越困难。虽然类似的娱乐项目已经不能进行，但至少他还可以看书。

天气沉闷时，他便拿起托尔斯泰的书信集仔细阅读起来。他还构想着《夏季》这部文集，以讴歌大海作为结尾。在《最近的海》这篇奇特的文章中，他写道：

> 我在海边长大，我的唯一财富是贫穷。后来，我渐渐长大，便失去了亲爱的大海，于是，我所拥有的一切奢

华，都瞬间失色，这是一种难以言喻的凄惨。从那以后，我总是翘首等待，等待着返航的那艘船，那是一个海上的家，那将是明朗的日子……

1953年秋天，加缪回到了巴黎，伽利玛出版社为他保留的办公室堆满了信件，他花了几天的时间整理，并计划妥善安排未来的工作。

刚好巴黎正举行一个戏剧节，让加缪一下子又受到了鼓舞，激发了他创作戏剧的热情。他首先想到的是陀思妥耶夫斯基的小说《群魔》，这部剧改编难度很大，演员把握角色也是最难的。加缪从1953年10月开始花尽心思进行改编，直到他生命最后一年，这部戏才得以与观众见面。

平常一有时间，他就去剧院看戏，他悄悄地为《群魔》寻觅合适的演员。夜晚，他坐在床上投入地为小说分割场景。他很清楚，自己选的这部戏，是一次很大的挑战，因为小说本身就像一个传奇。

这时的加缪，避免与外界的一切论战，对一些带有敌意的挑衅，他也懒得反驳。让他意外的是，《反抗者》在英国伦敦出版后，受到了广泛的褒扬。

英国的《剑桥日报》上，一篇评论文章写道：

我们可以在加缪身上，找到了一位20世纪二流的预言家，然而，他却没有让传统逊色。

然而，无论是褒还是贬，加缪都表现出无动于衷。事实上，现在只要一想到《反抗者》这本书，他就感到无比厌恶。

1953年11月7日，是加缪40岁的生日，然而，加缪显得落寞寡欢，半年过去了，弗朗辛的病还未见好转。同时，加缪发现，虽然自己身边围绕着很多朋友，却找不到一个可以说心里话的人。

为他庆祝生日的是女秘书拉比什，她送给加缪一块带吸墨的垫板作为生日礼物；另外还收到一个诗人送的打火机及四行诗一首。但40岁的加缪已决定戒烟了，打火机对他来说毫无用处。

这个生日过得十分冷清，几乎一整天，他都在埋头写《夏季》。40岁仿佛是一个重要的分界线，他开始构思一部鸿篇巨制，这部起名为《第一人》的小说，将是一部托尔斯泰式的巨作。然而，谁也没想到，没等这部作品完成，加缪就意外地走完了属于他的一生。

有时他忍不住向朋友倒苦水："这半年来，妻子一直有病，孩子也需要人来照顾……"

为了驱逐孤独，加缪回到朋友圈寻求共同语言，这段时间，诗人夏尔偶尔来陪伴他。他也经常与《见证人》这本刊物的领导桑松来往。桑松是一个诗人，也是第一次世界大战的逃兵。桑松创办的《见证人》，是一本反教条、独立，而且主张一种绝对自由主义的刊物。这本刊物，很快就赢得了加缪的支持。

加缪参加了几次《见证人》编辑部的会议，让很多人眼红的是，加缪允许《见证人》的朋友们使用他的署名。除此之外，加缪还写了一些政论短文让《见证人》发表。例如，有关德国柏林暴动的演讲稿。《无产阶级革命》这份刊物，有时也向加缪约稿，加缪慷慨地把一篇题为《面包和自由》给了他们发表。

实际上，《见证人》和《无产阶级革命》这两份刊物都有一个共同点，那就是：无政府主义和左派社会主义。它们都对资产阶级社会、社会不平等表现出蔑视的态度。

加缪的这些举动，引起了一个有心人的观察，他就是罗贝尔·普瓦。普瓦由此断定：

> 阿尔贝·加缪骨子里是一个彻头彻尾的绝对自由主义者，也许他自己还没认识到这一点。事实上，他个人的观点，比左派的思想，还要更加极端，与革命工会分子是一样的，属于莫纳特派。

莫里斯·儒瓦耶以《极端自由报》领导着各种无政府运动，他是令加缪十分敬佩的一位朋友，加缪从他的身上看到了一个按自己原则做事的伟大劳动者。

他们相互通信，也在公开的场合上会面。儒瓦耶认为加缪的《反抗者》最极致地阐明了劳动者和青年学生的愿望。在这种被认可的情绪影响下，加缪在1953年12月的本子上写下了这些心爱的字眼：

> 世界，大地，痛苦，母亲，人类，苦难，荣誉，夏天，大海……

第六章　真实的荒谬

1. "夭折的大奖"

> 希望在固定的世界里保持沉默，一切就在精神怀念的
> 综合中得到反映，并排列得井然有序。
>
> ——《西西弗斯的神话》

阿尔及尔一位名叫让·波密埃的作家，向当局提出为阿尔及利亚设立一个小说大奖，专门颁发给优秀的小说作家，总督接受了这个建议，并为这个小说奖拨了10万法郎的奖金。

很快，波密埃找到加缪，邀他加入评委会。起初，加缪觉得设立这个奖的想法非常棒，他觉得加入这个评委会，一方面能报效祖国，另一方面又可以鼓励作家。于是，加缪不仅自己参加了，还说服朋友朱勒·鲁瓦一起加入评委会。

其实，一直以来，加缪对各种各样的奖项都心存芥蒂，因为很多结果几乎都是内定的，评委们常常被提供奖金的人束住手脚，所以，他很少再加入各种奖项的评委团。这次，为了以防万一，加缪写了封信给波密埃，问他奖金的来源。

波密埃说，这笔钱属于阿尔及利亚议会的年度预算，绝不是什么基金提供的资金。然而，不久后，好朋友罗布莱斯从阿尔及尔给加缪寄来《非洲》杂志，杂志上刊登了关于这次小说奖的通知，很显然，给小说奖提供资金的正是加缪的宿敌——阿尔及利亚的总督，加缪知道这个消息后，毅然决定退出评委。

加缪立即给波密埃写了一封信，这封信的落款时间是1954年2月26日：

> 很明显，这个小说奖项与阿尔及利亚的官方要员，及总督府的联系，是如此密切，因此，我只能表示遗憾，我

不能继续担任这个评委的职责。我不能对这一官方参与的奖项，抱一种赞成的态度。曾几何时，我作为一名阿尔及尔的记者，长期受到来自总督府施加的压力，并且有时成为他们恫吓的对象。可以这么说，我之所以离开出生地阿尔及尔15年，那是因为我当时的独立观点，导致我陷入失业的困境，使我不得不离开自己的祖国。

事实上，从加缪离开阿尔及尔之后，他就给自己定了一条不成文的规定：永远不参加来自阿尔及利亚官方的任何活动。

对加缪来说，这条规定并不是记恨什么，而是让自己的取向更加清晰明确。得知加缪退出这个奖项的评委后，所有重量级的评委也纷纷退出了。在接下来的一期《非洲》中，波密埃写了一篇题为《夭折的大奖》的文章。

文章提出了一些疑问，导致这个大奖夭折的罪魁祸首到底是谁呢？到底是谁说服加缪退出的？虽然表面上波密埃未指名道姓，但明眼人一看就知道他在严厉地指责加缪，语气十分刻薄：

"这么做，究竟还有没有人性？这是一种怎样狭隘的心胸与恶毒的情感，支配了他的行为！"

多年以后，波密埃还专门出版了一本书来论述这次事件。

1954年春天，妻子的病终于有所好转，对家人生病这样的事情，加缪常常显得手足无措和笨拙。这段时间，他除了去出版社，其余时间都小心陪护妻子和写作。有时，他跟朋友抱怨自己的写作计划停滞不前，这会让他情绪变得很糟，他仿佛意识到自己的时间紧迫，不能再这样下去了。

他有时会问自己，是否自己的才华已挥洒完毕，是否想象力已经枯竭。经过一段心理调整期后，他打算写一篇关于爱情的散文。

进入4月美好的季节，加缪恢复了工作的热情，他亲自把小说《局外人》进行朗诵，并且在法国广播电台分章节进行播放。

10月，加缪又一次写信给《修女安魂曲》的作者福克纳，请求他允许自己把它改编成戏剧。

这期间，瑞典科学院又作了调整，他们重新考虑把诺贝尔文学奖授予加缪。

1955年1月，加缪写信给朋友吉利贝尔，信中写道：

> 目前，我处于深居简出的生活状态，我待在这个离奇
> 古怪的地方，尝试一种新的创作，还希望能保存那仅有的
> 一点点精力。

用了两天时间，加缪完成了一篇《局外人》的前言，这篇短文，将用于美国某大学出版社出版的《局外人》。

1月11日，加缪又写信给评论家巴特，因为加缪不满意他曾对《鼠疫》的诠释，特别是巴特曾经认为，《鼠疫》创造了一种孤独的政策和一种反历史的风尚。信中加缪说明《鼠疫》的主要内容是，反映欧洲抵抗运动同德国纳粹的斗争。

他还告诉巴特，《鼠疫》标志着个人反抗过渡到团体反抗的力量聚集。加缪还强调指出，小说中的记者朗贝尔就是这样一种情况，朗贝尔经过一段时间的挣扎，最终，他还是忽略了个人的痛苦，投身到集体的斗争中去。

不久，加缪受到无政府派朋友的请求，他们希望加缪能够加入他们的斗争。在印度支那战争的最后时期，无政府派人员莫里斯·莱藏制作了一张反战布告，其篇幅与军方的布告相同，很快，莫里斯就被指控犯有颠覆罪，被逮捕。

开庭的当天，加缪作为证人出庭为被告莫里斯辩护。加缪向法庭宣布：

> 在一次集会上，我认识了莫里斯。当时，我们一起
> 呼吁释放所有邻国的死刑犯。从那之后，我就有很多机会
> 目睹他为受灾难人们所做的一切，他坚强的意志，让我尤
> 其敬佩。今天，我有理由相信，我们不能判这样一个人有
> 罪，因为他的所有行动，都是与人民的利益相一致的。
> 如今，像他这样奋勇反抗威胁人类危险的勇士，实在是太
> 少了。

当加缪发言完毕，从证人席上走回座位时，观众席上的无政府主义者无不对加缪充满感激。然而，莫里斯还是很不走运，因为当

时法国还处在殖民战争时期，因此，最后他还是被判有罪，并判罚了一大笔钱。

1955年2月18日，加缪又一次回到了阿尔及尔，他去帝国出版社看望了舒曼。舒曼注意到，加缪的情绪不仅焦虑，反应还有些迟钝。加缪甚至大喊，自己再也写不出东西来，随后，又自责，说自己越来越情绪化了。

第二天，加缪又和朋友们去了一趟蒂巴萨。晚上回到阿尔及尔后，又在咖啡馆遇到了埃德蒙·布吕埃，于是布吕埃顺便为《阿尔及尔日报》对加缪进行了一次采访。

正值春天的好天气，加缪在阿尔及尔沐浴着童年时的阳光，他觉得晒太阳对他的身体有好处，并且，他再一次感受到，作为一个真正的人是如此美好。相对巴黎灰暗的日子，这里的一切仿佛都在激励着他，使他萌生新的创作欲望。

2. "我站着回来了"

> 希腊人曾有他们娱乐的道德，正如我们现今有八小时工作制的道德。但已经有许多人，包括最具悲剧性的人物让我们预感到，一种更加漫长的经验会改变这张价值表。
>
> ——《荒诞自由》

回到巴黎，加缪试图认真地投入到写作中。当他觉得自己情绪低落到无法工作时，唯一愿意做的工作是改编剧本《临床病例》，这是一部奇特的意大利文剧本。

这部戏的内容十分晦涩，讲的是一个意大利的企业家，因为病情不断恶化，在住院期间，护士们把他的病房一层层地往楼下搬。而此时，虽然企业家的病情越来越严重，但他的头脑是极其清醒的，随着病房的不断改变，象征着他生命的不断衰退。

加缪在改编的过程中，删除了一个场景及部分对话。3月12日，在拉布吕耶尔剧院举行彩排。这次，加缪又预感到观众的反应，因为，本身这就是一部可怕的悲剧，而且内容又晦涩难懂，观众一下子持否定态度是可以理解的，他自己也承认，这是一部阴暗的戏。

《费加罗报》的评论家甚至显得有些激动：

> 你们听好了，我从来没有，从来没有！看过这么可怕的一部戏。它所表现的一切，如此沉重，如此残忍，如此让人心生厌恶，它既狰狞，又恐怖，实在是让人难以忍受。

彩排结束后，加缪显得镇定自若，一整晚不停地跳舞。

1955年4月26日，加缪进行了一次希腊之行，这次旅游计划，整整推迟了15年。当年，他和弗朗辛甚至连旅行包都买好了，但出发前，世界大战爆发了，导致计划中断。15年后的今天，他终于可以飞往这个盼望已久的国家。

雅典是这次旅行的第一站，当他下了飞机，面对记者的提问时，他显得热情高涨，并由衷地赞美了希腊，说它是地中海文明的摇篮。他还表示，自己从小就受到希腊文化的熏染。对他来说，柏拉图比黑格尔更加重要。

当记者问到《反抗者》时，加缪澄清它不是一部反动的作品，并且告诉记者，自己非常崇拜十月革命前的那些恐怖分子。他还说，在法国，勒内·夏尔是最出色的诗人；阿拉贡才华横溢，但加缪对他们的审美观和政治观点不是很赞同。

4月29日，加缪和访问团在希腊雅典的法兰西学院，进行了告别晚宴。他还为这次宴会，准备了一篇题为《悲剧的未来》的演讲稿。他回顾了当代戏剧史，又介绍了一些自己感兴趣的戏剧理论，接着，又简单地概述了悲剧复兴的可能性。

第二天，结束了对雅典的访问后，接下来的行程是：迈锡尼、米斯特拉、岱尔弗斯。最后，访问团来到了希腊的北部地区，在这里，他们畅游了奥林匹亚及代洛斯小岛。

总的来说，这次旅行，让加缪感到身心愉悦，唯一遗憾的是，在希腊的这段时间过得太快，眼看，就要启程回巴黎了。

5月11日，加缪写信给诗人勒内·夏尔，信中写道：

　　我站着回来了，我感觉在希腊，找到长久以来想寻觅
的东西。

5月16日，当加缪回到巴黎后，他惊奇地发现，妻子的病竟然好了，这让他感到满心宽慰。因为，他又可以全力以赴地投入到写作中。

一次与达尼埃尔的讨论后，加缪认为法朗士的政治观点非常有吸引力，法朗士在下台时发表的演说，使加缪受到很大的震动，因为法朗士宣布，在摩洛哥的监狱中，他找到了自己的后代。加缪随即告诉达尼埃尔，他将全力帮助法朗士重新执政。

达尼埃尔告诉加缪，最好的办法是为《快报》写文章。加缪接受了这个建议，但条件是不签订任何契约。

加缪的这种举动虽然有些天真，却凝聚了一些支持者，他常与《快报》的编辑们在富凯饭店的二楼聚到很晚。随着议会选举逐渐临近，为了让局势更有利于法朗士，《快报》改成每天一期。他们还设想，如果法朗士当选，《快报》将保持日报的形式发行。

然而，没过多久，由于资金的短缺，《快报》又不得不改成周报。

加缪为《快报》写文章这件事，很快也引起了一场论战。

《法兰西观察家》在1955年5月12日的那期，发表了一篇题为《他们酒中兑水》的文章，他们讽刺加缪道：

　　回头浪子在他的晚年，重新投入了文学这个大家庭。

尽管阿尔贝·加缪与吉罗女士（《快报》创办人之一）的
新闻观是不同的，但他决定在《快报》上开辟自己的文学
专栏。

加缪回击说，自己完全赞同吉罗女士的新闻观，并且有理由为她的杂志写文章；相反，加缪不敢苟同《法兰西观察家》的新闻观点，因此，他永远也不会为他们的杂志写稿。

《法兰西观察家》的主编布尔代认为加缪这种极端自我的性格表现得淋漓尽致，并且谴责加缪是一个易怒并且傲慢的人。

加缪马上做出了回应，他讽刺道：

> 我们已经听到，某些看门人在喋喋不休地絮叨，好景不长了。

加缪还表示，自己与《法兰西观察家》的这次论战，与萨特没有任何关系，这次争论是由于看法不同引起的。

其实，这次论战隐藏了一个深层次的现实问题，那就是革命力量的逐渐衰败。这让加缪所在的《快报》与布代尔所在的《法兰西观察家》处于两个不同的阵营。

对加缪来说，无论付出多大的代价，哪怕失去正常的生活，哪怕失去珍贵的友谊，他也义无反顾地与反动势力（资产阶级和伪革命者）斗争到底。

布代尔表示，他从未想过要加缪为《法兰西观察家》写文章，不只是因为加缪与他的杂志格格不入，还因为，他很清楚加缪更适合在书中表达自己的思想。

这场论战暂告一个段落后，加缪定期为《快报》写文章。1955年5月14日，《快报》得到加缪的同意后，正式宣布加缪的加盟。

不过，自从加缪加入了《快报》后，从未获得过真正的愉悦。加缪甚至认为，《快报》有时不择手段地利用阿尔及利亚战争的牺牲者，但达尼埃尔则认为，报纸的首要任务是感动读者。

加缪加入《快报》的初衷是想帮助法朗士重掌政权，然而，结果却让他失望，因为最终吉·莫来获得了胜利。加缪认为吉·莫来的上台，不会给阿尔及利亚带来有利的变化。

不久，《快报》逐渐沦为一份庸俗浅薄的刊物，目睹这一切，让加缪感到非常失望，于是，他发誓永远不再读《快报》。

3. 一部自白式作品

> 我越是认罪，就越是有权审判别人。

更有甚者，我激起你们自己审判自己，这使我感到轻松。

——《堕落》

想要了解加缪人生最低谷时期的真实情况，看他的《堕落》，就能找到真相和谜底。

不过在《堕落》的创作中，加缪把构思和情节的来源，都写得十分隐蔽。最开始，加缪只是想把它作为一个短篇小说来写，然而，创作很快就超出了预计的篇幅，最后成型为一部长篇小说。加缪从未向朋友提起这部作品的演变过程，一切对他来说，仿佛都是水到渠成。

1956年2月，《堕落》的全稿顺利完成。3月，加缪把手稿寄给出版商印刷出版。书发行后，朋友们从书中的故事隐约辨认出，这其实是加缪具有讽刺意味的自画像。

书中，他严厉地进行了自我批评与反省，又或者，以自我批评为借口，对他人进行有力谴责。故事本身具有强大的冲击力，而故事发生的地点和场景，又让加缪的读者感到无比迷惑。

《堕落》可以说是加缪处在无法写作的境地中诞生的，因为在那样走投无路的境地，他可以以最熟悉的方式写自己，并且用高超的艺术手法，把自己隐藏起来。无疑，自传式是这部作品最大的吸引力。

《堕落》的初稿，加缪考虑过很多书名，例如《最后的审判》、《当代英雄》、《现代清教徒》等。加缪还曾想到《呼喊》这个名字，但这个名字恰好与安东尼奥尼的一部电影同名，于是他只能放弃这个想法。

在样书中，加缪对《堕落》进行了简短的介绍：

在小说《堕落》中，男主人公一直沉湎在各种忏悔中，他来到了阿姆斯特丹这个霓虹灯与运河交织的城市避难，这个当律师的主人公，在这个陌生的城市扮演起预言家和隐士的角色，他去下流的酒吧和声色场所，等待他的听众。

男主人公具有现代的思想，他难以忍受别人的批评，他那些自我批评与忏悔，其实是为了要审判别人。他把照见自己的那面镜子，对准了其他人。那么，到底忏悔该从哪里作为起点？谴责又该以何处作为基点？

书中的这个男主人公，他究竟是批评自己，还是谴责他所处的那个时代？这是一个特殊的例子，还是现代人普遍的真实写照？不管什么情况，这个故事关于镜子的游戏，有一点是不容置疑的，那就是痛苦，以及痛苦所预示的一切。

加缪对好朋友玛莉亚·卡萨雷斯说到自己的新作《堕落》，他说这不是一部纯粹的忏悔录，这是一部代表着整个时代错综复杂的思想作品。虽然加缪并不承认这是自传式的作品，然而在书中，填充着他个人大量的真实素材。

一些朋友，甚至一眼就认出了资料的来源。比如，加缪拒绝接受各种荣誉勋章，拒绝锁车门和公寓的门，对物质表现出一种淡漠的态度。朋友们还记得，有一次加缪在地下舞厅与人大打出手。像这样的片段，也被加入到这本书中。

一个更具爆炸性的事实，被加缪隐秘地埋在《堕落》中。这颗定时炸弹，就是针对上次与萨特断交的论战。书中，加缪仿佛对萨特和让松作了一次姗姗来迟的反击。

他以自我批评的形式，来摆脱别人对他的评判，加缪写道：

"当然，我和其他人并没有什么两样，因为我们共同生活在同一个时代的环境中。不过，我至少有一个自己的优势，那就是，我对自己的状态十分清楚，因此，对我要表达的思想，我知道我有这个权利。"

在《堕落》完成期间，加缪的生活中又发生了一件重要的事件。而且，这件具有决定性的事件，给加缪带来了很大的伤害。但长久以来，加缪都没有对任何人提过。

其实，很早之前，加缪就试图寻找一种有效的途径，调解阿尔及利亚日益恶化的局势。不过应该从哪入手，该采取怎样的行动，他并不真正了解。

在他年轻时，他就加入了阿尔及尔的法国先锋队，那时，他坚决支持当地外族人士的自由解放，希望他们最终能够获得经济和社会的平等。但同时，加缪又觉得，解放当地的人士，并不意味着要把一大批世世代代生活在阿尔及利亚的法国人，赶回法国去。

通过家乡阿尔及尔的朋友，加缪能够及时了解到当地的政治形势。此时，他不再坚持法国人必须扎根阿尔及利亚的想法。他认为，现在的阿尔及利亚，必须进行创新和改造，以便符合不同民族混居的发展要求。

后来，其实法国政府基本上也一直在遵循这个原则。那就是：让当地外族人士友好地融入法国社团中，并赋予他们相同的权利。

然而，一切为时已晚。实际上，阿尔及利亚已经被毁掉。

早在1956年1月，当加缪支持的法朗士选举失败后，有朋友建议加缪去阿尔及利亚发表演讲。

由于当时阿尔及利亚的气氛十分紧张狂热，公开演讲和集会都被禁止，因此加缪和朋友们决定把演讲以秘密会议的形式进行。

当飞机抵达阿尔及利亚，加缪一下飞机就绷着脸，显得十分严肃，朋友们发现他收住了以往那种爱开玩笑的个性。事实上，在这之前，加缪收到了很多恐吓信，这让他决定，事事必须小心谨慎。因为，为了阻止他的这次演讲，极端分子极有可能把他绑架。他还没去预先订好的宾馆，换了另外一家。

演讲如期举行，当地积极自由人士与加缪碰面后，发现他显得很不安。因为这时，加缪已听说极端分子会举行游行示威。他犹豫了一阵，还是决定继续出席演讲，他对朋友说道：

> 无论如何，我一定要作这次演讲，不管付出什么样的代价。这些冲动的阿尔及利亚人，想通过示威游行把我吓退，但也许他们还不知道，我本人就是阿尔及利亚人，和他们一样，我也会很容易激动。

演讲还没开始，广场已经被人群围得水泄不通，到处熙熙攘攘。现场，加缪还听到极端分子传来的叫嚣："杀死加缪！打倒犹太人！"

演讲的过程中，加缪竭力让自己保持镇静，他不时地向那些愤怒的示威者投去绝望的一瞥，有人开始投掷石块，在警察的保护下，加缪以更快的语速宣读讲稿。

演讲顺利结束，加缪在朋友罗布莱斯的陪同下，回到了下榻的旅馆。他打电话告诉蓬塞，自己希望两个团体和谐相处，结果差点导致一场悲剧，这种对抗，让加缪很受打击。

加缪决定启程回巴黎，他的朋友开车把他安全地送到白宫机场，离别时，加缪怀着复杂的心情，登上了回法国的航班。

4.《修女安魂曲》的成功

> 当大地的形象过于强烈地缠住记忆，当幸福的呼唤过于急迫，忧伤就会在人的心中升起：这是巨石的胜利。
>
> ——加缪

小说《堕落》的出版，让加缪尝到了成功的喜悦，仅仅发行了一个月，每天的销量都维持在500—1000本之间。

读者对这部作品反响热烈，让加缪的心情好了许多，他很快又为自己设定了有规律的作息时间：早上吃过早餐，然后进行一个上午的写作，下午去出版社，处理各种信件，又或者去剧场，观看新剧。

不久之后，《修女安魂曲》的译稿终于拿到手，于是，加缪紧锣密鼓，开始对这部小说进行改编。他对其中的对白进行精良地压缩，以创造一种更加自如、易懂的语言，他把其中的人物也用心推敲，希望让剧中人物形象有血有肉。

开始，加缪对题目中的"修女"表示有些犹豫，库安德勒告诉他，比如用"圣女"就很不恰当，"修女"本身有一种含蓄的虔诚，加缪觉得库安德勒说得很在理，于是决定不作任何改动。

为了这部戏，加缪又一次投入了全部的精力，他不仅作为编剧，还决定亲自导演，每一个演员都由他来选择，他希望找到一种整体的节奏与舞台效果。

因为男主角由著名的古典戏剧演员奥克莱扮演，而他又表示不愿与玛莉亚·卡萨雷斯同台演出，于是加缪只能再找另一名女主角。

加缪有空就会去巴黎的各大剧院，为《修女安魂曲》挑选合适的女演员。他看了各种类型的戏剧，无论是古典悲剧、通俗喜剧，还是滑稽剧都看了。

终于，在5月的一天，加缪觉得眼前一亮，一个演契诃夫的《海鸥》的女主角吸引了加缪。他马上给这位名叫卡特琳娜的女孩留了便条。

卡特琳娜给加缪回了个电话，并约定会面。这次见面，双方都谈得很愉快。加缪当场就决定女主角非她莫属，并表示不用试演。

卡特琳娜的父亲是犹太人，母亲是北非人，她本人则出生在巴黎，她似乎天生就喜爱演戏。这一年，卡特琳娜29岁。

加缪发现卡特琳娜身上散发着一种迷人的吸引力，她既是一个有教养的姑娘，同时又热爱戏剧，并对文学很感兴趣。因此，加缪能够和她轻松地讨论各种话题。在他们之间，既可以是平等的朋友关系，又是合作伙伴。

卡特琳娜无论外貌气质，还是内在素养，都显得十分出色，她有一双明亮的大眼睛，而且还是地道的地中海人，让加缪非常满意。

1956年8月10日，《修女安魂曲》准时开始排练。这次，加缪决定亲自导演，他决定让所有的理论都摆脱条条框框的限制。加缪把法国派注重语言表现和俄国派注重揭示心理活动结合起来，两者兼收并蓄，并加上女主角擅长的优美的形体动作。

这一次，加缪决定做一些改变，舞台暗示不再使用抽象的概念，他希望观众能够轻松地明白自己的创作意图。同时，他很尊重演员的自我创作，他跳上跳下指导演员，尽量让演员释放出最饱满的表演激情。

他们的排演时间，每天达到10小时，排演结束后，还要一起布置舞台的背景。加缪常常抱怨排演的舞台太小了，抑制了他许多好点子。

排演进入尾声，加缪每天的睡眠时间都不超过4小时，尽管付出了如此多的努力，他还是忐忑不安，因为过去多次的失败，让他对这部作品也很难抱一种乐观的态度。

可喜的是，《修女安魂曲》首演结束后，观众的反应异常热烈，这让加缪感到有些受宠若惊。而且，在接下来的两个季度里，《修女安魂曲》的演出，场场爆满，泪水和欢呼始终伴随着观众。当剧院里的座位票卖光后，有的观众，还甘愿席地而坐，票房收入非常可观。而且，该剧还成为了马杜兰剧院历来最成功的作品之一。

在评论界，这部戏赢得了一致的喝彩声。1957年新年刚过，加缪于1月4日收到了作者福克纳的电报：

新的一年开始了，谨向您表达我的美好祝愿，祝贺我们的这次合作大获成功。

一向眼光挑剔的《费加罗报》，也慷慨地给出了肯定：

我们终于等到了一个让人感兴趣的夜晚。大家可以看到一个朴实无华，且紧凑的表演风格，这都要归功于编剧及导演——阿尔贝·加缪先生。另外，卡特琳娜率真的悲剧表演，实在让人赞叹不已。

《快报》也表示赞叹：

卡特琳娜的表演独具特色，这是一个激动人心的新发现。

连曾经和加缪论战的死对头《法兰西观察家》也发出了积极的声音：

一位伟大的戏剧家，一位出色的作家，为我们奉献了一个为之倾倒的晚上，卡特琳娜的表演天赋，在同时代的演员中是拔尖的几个之一。

积累了数周的疲劳，现在终于一下子放松下来，导致的结果就是，加缪病倒了。他患上了重感冒，在获得巨大成功的喜悦后，他忽然感到无比的孤独，一种被掏空的沮丧，难以言喻的消沉情绪向他袭来。

加缪感觉自己像一匹狂奔的野马，在精疲力竭之后，四肢无力，突然倒地。尽管精神状态出现了低迷，然而他还是奋勇挣扎，把《流亡与王国》中的短篇小说进行又一次修改。

10月，《流亡与王国》正式交给出版商出版，了结了这一桩事情后，加缪又对西班牙人反抗政府活动进行声援。他还为那些不畏极权统治的自由主义者，作了激昂的辩护。

虽然，加缪很多次表达了要退出政治舞台的愿望，但对故乡阿尔及利亚的局势，还是时刻关注着，只是比从前更加谨慎。

阿尔及尔的朋友蓬塞向加缪说起，有一位被当局怀疑参加共产党的朋友，不幸被抓了起来。其实这个人与共产党什么关系也没有，而且，他独自带着4个需要养育的孩子。加缪听说后，马上答应要帮助他。

这一次帮助，不再是公开写文章干预，而是以秘密的私下名义给予帮助，这位被囚禁的鳏夫不久后就被无罪释放了，其中加缪起了很大作用。

5. "我被阉了"

> 镜子已打碎，再无任何东西可以帮助我们回答这个世纪的问题。
>
> ——加缪

虽然，加缪对阿尔及利亚和法国日益恶化的关系感到非常痛心，而且对事态的发展时刻保持着密切的关注。然而，还有一些人出来指责加缪，说他对阿尔及利亚的问题始终保持沉默的态度，说他应该站出来并做点什么。

加缪之所以声明保持沉默，他是想用自己的方式，有效地解决问题，而不是采取双方正面对抗的形式。他觉得如果明确地站出来，会让对手很容易抓到把柄，并且很可能以此来借题发挥。

他曾在日记中提醒自己：

> 我决定了，在阿尔及利亚与法国的问题上，不作公开表态。如今，阿尔及利亚面临着巨大的不幸，有些人站出来胡言乱语，我不想在这个混乱的时候雪上加霜。其实，在这个问题上，我的立场一直没有变，对那些为解放而战的勇士，我理解并且表示钦佩，但是，对那些残杀无辜的屠夫，我只有憎恶。

阿尔及利亚的危机，时刻让加缪忧心忡忡，虽然他不再采取在报上声援的方式，然而，在力所能及的地方，他义无反顾地进行援助。

1957年4月，英国伦敦《人物》杂志的一位读者，希望加缪对"法国在阿尔及利亚的战争"阐明自己的立场。

加缪在6月的《人物》上发表文章回应道：

> 我赞成阿尔及利亚结束殖民统治，拥护各派力量一起参加会议，可以考虑按照瑞士的模式，建立一个独立的联邦国家，以保证生活在这个国家里的两个民族，享有各项共同的权利。我不会参加游击队，也不支持恐怖分子，恐怖分子袭击无辜的百姓超过袭击法国人。在谴责法国实施镇压的同时，我不能对恐怖分子保持沉默。我反对以国家事业发展为幌子，而滥杀无辜的生命。

事实上，加缪希望他为阿尔及利亚所做的一切，不让外人知道他从中起了作用。如今，他尽量让自己的生活变得简单，基本上，每天他只去两个地方，上午在家写作，下午去伽利玛出版社处理工作事务。

1957年10月16日，当加缪和朋友在福赛圣贝尔纳街的一家饭店吃饭时，突然一位穿着制服的服务员急匆匆地向加缪跑来，服务员稍稍站定，喘着气说道："您获得了诺贝尔文学奖。"

加缪一听，脸色霎时变得苍白，对这个突如其来的消息，他感到非常震惊。他稍微缓了一下神，嘴还在不停地说，这次应该马尔罗拿奖。

尽管有些不知所措，但加缪很清楚，得到这个诺贝尔奖将意味着什么，而这个奖的分量，对他来说太重了。他很明白自己，在此时，他再也写不出满意的作品，而在过去，那些被造谣诽谤者抨击的作品并不足以让他拿到这个奖。

偏偏在他对阿尔及利亚问题上选择沉默的时候，瑞典科学院让他抛头露面，把他推到了浪尖上。对瑞典科学院的这个决定，加缪感到很受折磨。

他对旁边的朋友说了一句发自肺腑的真心话："我被阉了！"

一回到住处，加缪就像一头被困的野兽，不停地在房间里来回走动，千头万绪在他脑中闪动，他神情呆滞，有时脑子又一下子变得空白，这双望着虚空的眼睛，夹杂着恐惧和一丝喜悦，他还在念叨着，这次应该是马尔罗拿奖。

加缪拿诺贝尔奖的这个消息，很快就见报了，他的对手们暗暗冷笑道："选得妙！选得好！"《艺术》杂志发出了最尖刻的评论："诺贝尔决定向阿尔贝·加缪授奖，是为了终结的作品加冕。很显然，马尔罗并不合瑞典科学院的口味，但院士们的这个决定，表明加缪已经终结。"

在保守派的眼中，加缪一直以来都是个非常有威胁的左翼分子。在阿尔及利亚的问题上，他没有选择小心的措辞，反而表露了与叛乱分子为伍的端倪。他们还声称，按照惯例，瑞典科学院应该先征求有关国家的意见，再确定诺贝尔奖的最后人选。

然而这次，瑞典科学院仿佛故意把天平倾向左派，支持法属阿尔及利亚人。一些反对这个决定的人，这样嘲笑瑞典科学院：

以此来干涉我们国家的内政，手法可谓新奇。

毫无疑问，加缪的死对头《法兰西观察家》又有机会报复加缪了，他们发表文章，肆意嘲讽道：

我们不禁要问，加缪是否真的到了走下坡路的时候了？敢问瑞典科学院，是否错把僵化老朽当作文学新人？

《法兰西观察家》的评论家斯特还认为，加缪与其他诺贝尔候选人，如马尔罗、萨特等，简直差了一大截，说加缪是没有棱角的萨特，还说，只有那帮法朗士的拥护者及卡夫卡的读者才会去读加缪的《鼠疫》。接着，又提到了加缪的痛处，问他为什么不表态，立场模糊不清。到底是不是想守住现有的名誉？可这对他又有何意义？

皮亚在《巴黎报业》上也发表了自己的看法：

> 这是老掉牙的人道主义的世俗圣人，他摆出酷爱和平的姿态，因此，理所当然赢得了瑞典科学院的赞赏。

加缪从前主编的《战斗报》，也暗暗地嘲讽道：

> 一个堪称完美的、文质彬彬的小思想家。

与此同时，瑞典也炸开了锅，瑞典的大部分媒体舆论，也对这个结果表示反对，他们质问瑞典科学院，说他们只关注加缪的政治立场，而忽略他的文学成就。瑞典斯德哥尔摩最权威的日报，其文学专栏主持人写道：

> 马尔罗，尤其是萨特，看起来都更适合拿这个大奖。

1957年10月17日，伽利玛出版社为加缪举行了一次招待会，加缪很早就来到现场，他穿了一套海蓝西装，打了一条深蓝的领带，看起来精神饱满。到会的媒体记者，情绪高涨澎湃，加缪则显得很镇定，会议一开始，加缪就耐心地为记者解答问题。

有记者问他："请问您听到得奖后的第一反应是什么？"

加缪答道："大吃一惊，非常愉快。"

加缪还表示，如果自己参加投票的话，一定会选马尔罗，并表示对他十分敬重，他们之间友谊也很深，马尔罗是他年轻时代的精神导师之一。

会场应邀而来的名流纷至沓来，大厅里的人越来越多，有的只能挤在花园里，瑞典的大使也发表了简短的贺词。

马尔罗表现得非常大度，他毫不犹豫地对加缪表示祝贺，他还强调，加缪对自己的评价，使彼此都增光了。

尽管大多数人的内心，是另一番复杂的心情，但招待会还是在一种热烈和谐的气氛下结束了。

6. 去斯德哥尔摩领奖

> 人们只有在走向这个令人愉快的极限时，才能感受到
> 这绝对否定。
>
> ——《反抗者》

加缪坦白地告诉朋友，招待会过后，自己的心境一片恐慌。他说，根本用不着别人来抨击他，他也清楚地知道，自己不配获得诺贝尔文学奖。

他认定瑞典科学院犯了一个错误，他们居然把一个这么重要的奖项，颁给写不出作品的作家。

数月之间，加缪受尽左派和极右势力的攻击，他感到身心和精神受尽了折磨。然而，只有熟悉加缪的少数人，才能理解他的这份痛苦。因为，毕竟他还要硬撑着门面。

接下来，加缪忙着准备去斯德哥尔摩领奖的事，他参加各种各样合乎情理的仪式，他撰写文章，在需要的地方发表演讲。总而言之，一切的表面工夫，他都耐心地配合做足，俨然一个名正言顺的诺贝尔奖得主。

当然也有少数支持加缪的。《纽约时报》还刊登头版头条，为他估算了奖金为42 000美元。还报道说，加缪是那些专制制度国家的死敌，他的作品热情而冷静，向当代人类的良知，提出了各种尖锐的问题。

瑞典科学院的终身秘书长也出来为加缪说话：

> 加缪的作品，远远地抛离虚无主义，我们有足够的理由相信，他的存在主义是一种彻底的人道主义。

《修女安魂曲》的作者福克纳给加缪发来贺电：

> 我们向一颗不知疲倦地探求和思考的灵魂致敬。

马杜兰剧院马上贴出了最新的海报称：

《修女安魂曲》是两位诺贝尔文学奖作家的联袂之作。

一时之间，加缪收到各方面铺天盖地的来信，所有与加缪有过一面之交的人，也都纷纷发来贺电。加缪尽量让自己冷静下来，并一一给他们回信。

加缪给阿尔及尔的母亲发了电报，说他从未像现在这样如此地想念她。他还给小学老师路易·日耳曼写了一封信。当初就是这位恩师，向他伸出了援助之手，否则，以后的这一切都不会发生了。

该动身去斯德哥尔摩领奖了，加缪和妻子把各种活动需要的服饰，都准备妥当了，他们还向开珠宝店的朋友，借了一串贵重的钻石胸饰。

1957年12月9日，那是一个星期一，早晨的8点，加缪和妻子冒着严寒，终于抵达了瑞典斯德哥尔摩。当地的要员把他们安排在一家豪华的大酒店，这家酒店依水而建，对面是皇宫和老城。

11点半，加缪首先来到法国大使馆，与当地抱有敌意的记者见面，瑞典政府为避免气氛进一步恶化，派了年轻的外交部随员陪同加缪。

当有记者问到加缪的政治倾向时，加缪马上冷静地驳斥道，让一名作家对政治问题进行表态，是一种言不由衷的举动，这是一种赤裸裸的"强制服役"。

当话题转到写作上，加缪提到了他生命中最重要的人——让·格勒尼埃。加缪表示，格勒尼埃既是他的老师，也是他的好朋友，他帮助自己渡过了许多难关，并一起分担了阿尔及利亚危机给彼此带来的巨大痛苦。

加缪还提到了一些好朋友，如罗布莱斯、鲁瓦、勒内·夏尔等。他还强调，夏尔是他非常敬佩的"兄弟"，也是自阿波利奈尔以来，写出最伟大、最优美诗句的诗人。

1957年12月10日，是诺贝尔奖正式颁奖的大日子。这一天，斯德哥尔摩出奇的冷，天很早就黑了，诺贝尔颁奖的地方是一幢浅蓝色的老音乐厅，它坐落在商业区及音乐厅周围一带，在当天下午3

点，就实行了交通管制。

音乐厅的大堂里，立柱顶端全部镏金，每个包厢内挂着鲜艳的桃红色挂毯，大堂正中的讲坛四周装点了彩色的鲜花。这是斯德哥尔摩一年中最盛大的事情之一，人人都想倾听讲坛上天才的演讲。

一切就绪后，颁奖仪式庄严地开始了，按照惯例，由诺贝尔基金会的秘书长向创始人诺贝尔致敬。

秘书长在介绍到加缪时，把他描述成一位存在主义者。瑞典国王与加缪交谈的时间比其他人都要长，在场观众都十分激动。因此，《世界报》的记者立即现场报道，说加缪征服了斯德哥尔摩，加缪的妻子弗朗辛被评为"诺贝尔第一美女"，各家报纸纷纷转载这条消息。

在这个金碧辉煌的大堂里，加缪镇定地走上讲台，宣读了简短领奖答谢词。全场肃穆有序，庄严的颁奖仪式结束后，在场的客人应邀来到一个蓝色的大厅，他们在那里翩然起舞，轻松交谈。整整一个晚上，大家都玩得非常尽兴。

斯德哥尔摩寒冷干燥的气候，加缪觉得很适应，很喜欢，但同行的女性就不那么认为，因为她们不得不给美丽的长腿，套上厚笨的长筒袜。

12月12日，按照行程安排，加缪要去斯德哥尔摩大学开一个自由座谈会，结果却变成了一次激烈的政治讨论，使当时的气氛变得有些紧张，旁边的妻子弗朗辛、大学校长、外交随员不便直接干预，只能在一旁干着急。

座谈会结束后，上车时，加缪发现妻子哭了，而他自己也很不高兴。

12月13日，是一年中白天最短的圣女吕西节。按照传统习惯，身穿睡衣、头戴桂冠的一群姑娘给加缪夫妇送来了丰盛的早餐。

中午，博尼耶夫妇在湖畔的酒家设宴招待加缪夫妇。下午，加缪参加了法国大使馆举行的讨论会。

12月14日，加缪夫妇又参加了在瑞典历史上最古老的大学举行的报告会。加缪为这次报告会写了一篇题为《艺术家与他的时代》

的讲稿。

这次演讲，加缪充分肯定了艺术家参与社会活动的重要性，同时也分析了随之带来的危险性。那就是：艺术从属国家政治，并使之逐渐偏向社会现实主义。演讲结束后，他们去了剧院，那里斯特林伯格的作品正在上演。

12月15日，星期日，一行人去了郊外游玩。在大饭店吃过午饭后，代表团就启程回法国了。

一回到巴黎，加缪就收到瑞典阿尔及利亚人协会的一封致歉信，对斯德哥尔摩大学座谈会上发生的争论，表示惋惜。并表示该名学生不属于该协会，不代表协会的意见。

数月之后，加缪收到一家瑞典银行的来信，问他诺贝尔奖奖金怎么处理。原来，加缪回到法国后就把奖金的事忘得一干二净了。

第七章 冲向死亡

1. 沉默的"病兽"

在这片他如此热爱的广阔土地上，他是孤零零的。

——加缪

从斯德哥尔摩回巴黎后，加缪变得更加沉默了，平常他只会见可信赖的朋友，或一些值得他同情的人。

1958年1月12日，西班牙共和主义人士为加缪获奖进行庆祝，加缪之所以出席，是因为他一直都义无反顾地支持这些勇敢的战士，在加缪困难的时候他们伸出了援助之手。同时加缪还表示，将在往后的日子里隐退一段时间，但如果他们需要他，他都会有求必应。

加缪还说到自己作为一名作家的艰难处境，他深有感触，一直以来被左右夹击，常常身不由己，被胁迫着前进，而身边又缺少赞赏的人，这使他感到极其痛苦。

他还说，自己一直都在努力，并且做着正义的事情，对自己的职业很是热爱。自己能活到现在，都是因为身边朋友的帮忙。

这次发自肺腑的讲话，现场气氛非常奇特，加缪表现出既希望沉默隐退，又希望参与现实的正义活动。这正好反映了加缪获奖后的矛盾心情。

有一天，罗布莱斯约了加缪一起吃饭，可等了许久都没见加缪出现。罗布莱斯给加缪的办公室打去电话，秘书说他早在11点45分就离开办公室了。

罗布莱斯很是疑惑，好不容易等到了加缪，发现他的嗓音都变了，脖子好像被人掐住一样。加缪告诉他，在圣米歇尔大街找出租车时，突然就喘不过气来，加缪请求路人把他送上出租车，然后去最近的保健医院进行吸氧。

这件意外之后，加缪的秘书有时担心他单独上街，精神状况不好时，还亲自送他回家。女秘书三番四次催促加缪去找呼吸系统专家治疗，医生诊断后，说他的大脑供氧不足，处于一种半窒息的状态。

加缪按照医生的嘱咐，有规律地进行呼吸方面的锻炼。因为健康问题的困扰，让他感到自己的行动受到限制，他甚至不能坐地铁，因为有幽闭恐惧症。坐飞机时，也是十分谨慎，秘书会事先通知法国航空公司，说加缪希望匿名旅行，因为他很有可能随时发病。

1958年，加缪的大多数时间用来创作小说《第一人》，创作使他暂时忘记身体的不适。当创作遇到瓶颈时，加缪经常和好朋友塞雷索尔一起在巴黎的街头散步。一天，加缪对他谈起了关于帕兰的沉默理论。这种沉默理论认为，作家一段时间内保持沉默，对往后顺利写作很有帮助。

自从《修女安魂曲》成功上演后，女主角卡特琳娜也成了加缪生活上最好的朋友，卡特琳娜经常鼓励加缪，说他完全具备新的创作能力，突破空间还很大。她还善意地提醒加缪，说在加缪的这个年龄，陀思妥耶夫斯基还没有写出他最好的作品呢，因为许多伟大的作品，都必须经过冥思苦想的漫长磨砺。

加缪还是闭门不出，他常常躲着别人，仿佛一头受伤的病兽，有人问他是否有过自杀的念头，他断然否定，并认为自杀是可耻的行为。

有一天，一位年轻时在阿尔及尔就认识的女友，给加缪打来电话，加缪甚至连招呼都没打，哑着嗓子就直接问："您打电话来是要钱的吗?

女友一下子就蒙了，还没等她说话，加缪又接着说道："电话一个接着一个，个个都是来要钱的。"

女友听不出加缪丝毫开玩笑的语气，觉得十分尴尬，很显然，在加缪成名后，一连串的困扰已经让他对世界失去了判断，他除了沉默，没有别的退路。

在阿尔及利亚的问题上，加缪让他家乡的亲人和朋友受到了压力，家乡的朋友告诫加缪，要是回阿尔及尔，一定要小心，因为上次加缪回去演讲，已经激起很多人的愤怒，他还差点成了阴谋的牺牲品，那些人早就把矛头指向了他。

因为阿尔及利亚的法国人认为，加缪把阿尔及利亚出卖了，因此计划暗杀加缪。因为，大多数阿尔及利亚的法国人都不愿离开阿尔及利亚。

在闭门谢客的这段时间，加缪还是要完成两件必须完成的事。第一件是为老师格勒尼埃的《群岛》写新版的序言。这本书，在加缪上高中时，受到过很大的震撼。第二件是为刚刚去世的作家马丁·杜加尔撰写文章。

马丁·杜加尔生前就认为，作为一名作家，读者最应该关注的，是他的作品，而不是他本人。加缪根据与杜加尔生前交往的细节，作了简短的回顾：

> 在5月的尼斯，我与他作了人生最后一次交谈。那一次，他严肃地谈到了死亡，随后又间接提到：一名真正艺术家，必须保持自己的含蓄和秘密……

文章中，加缪对他表示了由衷的敬意，还说他是一位无与伦比的可敬的人，只要他在这个世界上存在着，就能够给人活下去的力量。

这两件事完成后，8月底，加缪和妻子儿女团聚，他们商量后决定，用诺贝尔奖奖金买一幢真正属于自己的房子。他和妻子看了很多房子，但最后还是未能达成一致的意见。

到了9月，妻子弗朗辛开学上课去了，买房的事，只能加缪和朋友一起张罗。开始，加缪看中了一间旧的农舍，但因为考虑的时间太长，被别人捷足先登了。

不久，朋友又传来好消息，说巴黎一位著名的外科医生在卢马兰村的一幢房子要出售。科尔尼（夏尔的朋友，房地产商）看过房子后，认为加缪正是要找这样的房子。

加缪听说后很感兴趣，曾经在老师格勒尼埃的笔下卢马兰村是那么迷人。还在年轻时，加缪就根据老师的介绍，来过这里。

科尔尼告诉外科医生，买主是一位得了诺贝尔奖的作家，才争取到两天后看房的机会。妻子看了房子后，感觉没有想象那么好，房子所处的位置，也没有之前看的那么幽静。

然而，这一阵子，加缪已前前后后看了不下十五处的房子，他也懒得再看别的了，于是说道："要么，就买这幢，要么，不买算了。"

弗朗辛听到这语气，也只好同意了。

加缪第二次约外科医生看房时，让他让一些价，医生马上答应让价70万法郎。最终，买到了一幢位于卢马兰村真正属于自己的房子。

2. 归宿之地

> 高山、天空、大海就像人的面孔，有时看到的是一片荒芜，有时则是一片辉煌，这取决于是盯着看还是一眼就看见。
>
> ——加缪

与别的村不一样，卢马兰村始终保持着原始的自然风貌，在这里，还没有受到旅游发展和科技进步的侵蚀。村子的四周都是葡萄园，葡萄园的周围又有一些山坡庇护着。

整个卢马兰村，大概有600个居民，他们过着恬静而又充实的日子，仿佛不需要与外界有太多联系，多数人自给自足。就算是夏天来避暑的人，也过着一种深居简出的日子，村民几乎感觉不到人数的变化。

就算是卢马兰村的本地人，也不晓得这里的房子有多少卖给了外地人。在村子的对面，有一座历史悠久的城堡，古堡两翼的部分，建于文艺复兴时期和中世纪。

这座破旧的古堡，之所以得以复苏，跟一次车祸有很大关系。

维贝尔是一位企业家的养子，他天赋异禀，又博学多才，大学毕业后成为一名历史教授，同时也是作家。有一天，维贝尔来到卢马兰村，出于职业的敏感，他发现了这座破旧不堪的古堡。于是，他决定自己出资，把古堡进行重修，然后，他要把它赠给文学科学院。

在1925年的春天，维贝尔和朋友从卢马兰村开车回里昂。平常就喜欢开快车的维贝尔，那天也不例外。由于车速太快，汽车一下子就失去控制，并冲出道路，两人同时被抛出车外。维贝尔当场就死亡，他的朋友死里逃生，躲过一劫。按照维贝尔的遗愿，文学科学院把这座古堡改成艺术家和作家的避暑庄园。

在庄园的周围，到处是得天独厚的自然美景，城堡的建筑风格古朴典雅，楼梯是雕花的长条石，壁炉是文艺复兴时期奇形怪状的样式，所有的餐具都是古董瓷器。

加缪的老师格勒尼埃，还没去加缪的中学教书前，就被邀请到这里度假，因此，古堡给他留下了深刻的印象，还把它写成文章。因此，在加缪上中学时，就对这个地方产生了许多美好的幻想。

整个卢马兰村有两座教堂，一座供天主教徒用，一座供新教徒用。在历史上，新教徒曾经一度占据了上风，后来由于罗马教皇决定，教徒结婚后，其子女必须信天主教，于是天主教很快就兴盛起来。在墓场里，两个教派的坟地用一面墙隔开，以示区分。不过随着时间的推移，这个界限，正在逐渐消失。

卖房子给加缪的外科医生，虽然是巴黎的著名医生，但他已在卢马兰村定居很多年，还是这里的村长。

后来，由于女儿长大了，外科医生一家准备搬到别的地方，于是出售这处房产。

加缪买下的这幢房子，整体说不上是一种什么风格，房顶盖是红褐色瓦片，高高低低的屋子，参差不齐。临街的院墙弯成弧形，有点中世纪的风格，院中有一个石雕喷泉，水从狮子的嘴里喷出来。

从远处看这幢房子，加缪感觉房子仿佛蹲在一个高高的平台上。从房子往外眺望，马上映入眼帘的是对面耸立的古堡，然后是墓地里高大的松树，再远处就是杜朗斯峡谷。

加缪的园子里，栽着各种各样的树，包括橄榄树、无花果树、玉桂等。加缪请了一个花匠修整园子。他吩咐花匠不要把园子弄得花里胡哨的，只要定期修剪一下就可以。

从园子一直往下走，就是马厩，马厩的上面是车库，车库里停放着加缪钟爱的老"雪铁龙"。

加缪这边忙着布置房子，巴黎那边，剧团的成员正在忙着《修女安魂曲》的排演，因为受到观众狂热的追捧，准备再次上演。

房子基本上整理完毕后，加缪赶回了巴黎，他接着把陀思妥耶夫斯基的《群魔》改编完，也准备开始排演。

卡特琳娜注意到，《修女安魂曲》与《群魔》相比，加缪对后者的舞台指导更加周密和用心，其细致的程度让她惊叹。这次，加缪想着重点表现人物的疯狂与凶狠，他总是觉得演员演得太过柔弱，缺乏力度。加缪力求尊重原著，也以此来要求演员，除了这些重点外，演员可以自由发挥自己的创造力。

加缪把演员们召集到一起，让他们围桌而坐。他们一起读剧本，各自发表自己的见解。演员们发现，加缪很喜欢一边读剧本，一边做动作。他鼓励演员道："您觉得怎么自然，就怎么演，想坐就坐，该走就走，根据剧本的连贯性来演就好。"

加缪认为，他的演员演出来的戏，必须是真实可信的，他尽量避免用自己的设想来影响演员，那样会成为演员的精神枷锁。

当一个演员有两个角色可挑选，加缪想让他来演某个角色，但演员觉得自己更适合演另一个角色，一旦碰到这种情况，加缪会接受演员自己的选择。

表演的过程中，加缪从来都不会提示演员的语气和面部表情，他用自己令人信服的解释来指导演员，最大限度地让演员突破自我，从而达到一种完美的效果。

这段时间里，加缪在卢马兰村与巴黎之间奔波，对外在的政治局势，虽然保持着沉默，但他始终默默关注着法国与阿尔及利亚的局势。

加缪发现，在法国，那些达到服兵役年龄的青年，很多都不愿意应征入伍，因为他们已经感觉到一股战争的压力，而当时的法国，还没有出台保护这些士兵的法律。一些和平主义者开始行动起来，希望能让这些年轻人去一些非军事的部门服役。加缪看到这些消息后，与革命左派的积极分子联合行动，秘密支持这些和平主义者。

1958年12月12日，加缪破例接受了一个特殊的邀请。他作为贵宾，被邀请出席了阿尔及利亚协会成员与旅法阿尔及利亚人联合举办的一个晚宴。这次聚会，纯属是一个阿尔及利亚归侨的圈内活动。在当晚，来客的身份各异，有艺术家，有商人，也有公务员。

聚会的气氛很轻松，加缪还表示，虽然自己不能预料阿尔及利亚的明天将会变成什么样，也不知道将会造成多少牺牲，但他可以肯定，阿尔及利亚的明日，是阿尔及利亚作家在昨日创建的。

年底的时候，加缪对伽利玛出版社的同事说，在他看来，目前阿尔及利亚的两大敌对阵营，最终会采取理智的行动，使双方找到一种相互妥协和谅解的办法。

3. 最后的时光

有生活的时间，也有为生活作证的时间。对我来说，用我全部的身体生活，用我全部的心作证，这就足够了。

——加缪

1959年，这是加缪生命最后的一年，他自己一点都没有意识到，一个致命的意外正缓缓地走向他。但他还是继续用自己的方式，解救遭到起诉或被无辜监禁的阿尔及利亚人。

加缪最近听说，乌茨卡那作为危险的叛乱分子被捕。加缪年轻时，加入阿尔及尔共产党，乌茨卡那是共产党的秘书，是加缪的上司，后来加缪被开除出党，乌茨卡那也抨击过加缪，说加缪不懂革命。

1959年1月，乌茨卡那在阿尔及利亚的法庭受审。加缪马上给军事法庭写了一封信，信中说道：

> 本人，阿尔贝·加缪特此作证。1956年，乌茨卡那先生曾协助本人创建委员会，只是为了让当地法国的百姓，避免遭受无辜的牺牲。在他的权限之内，乌茨卡那先生尽其所能，让这次纯人道主义的行动，获得最大的成功。

然而这一次，加缪的信并不能救他，乌茨卡那很有可能被判处死刑。经过周围朋友的多方活动，他最后被判八年监禁。到了1962年法国与阿尔及利亚实现停火，乌茨卡那才被释放，释放后，他还被任命为阿尔及利亚独立政府的部长。但这些，加缪再没有机会目睹了。

此时，加缪的《群魔》正进行彩排，这部戏演出的时间不长，观众看完后，纷纷给予了好评。加缪兴高采烈地告诉一位新结交的朋友莫诺，说改编这部戏，比自己过去的任何作品分量都要重。

1959年3月18日，勒内·夏尔收到了加缪的一封来信，信中加缪向夏尔诉说了女儿的病势严重，让他很受打击，他还这样写道：

> 青春已渐行渐远，带走所有的放任和不羁，它目空世间万物的一切力量。只剩我独自消沉与抗争，这一切多么困难，多么累人。是的，说实话，此时此刻，我真的感到累了。

一个不幸的消息又向加缪传来，他70岁的老母亲突然病倒，必须马上做手术。加缪听到这消息后，火速飞回阿尔及尔。万幸，母亲的手术很成功，这才让加缪感到宽慰些。

1959年5月，加缪终于搬进了卢马兰村的新居。这里空气新鲜，阳光充足，加缪很快就适应了，他还给自己制定了作息规律：早上修整花园房舍，下午写作，晚上是阅读时间。有空时，他还到村子里长时间散步，与当地淳朴的居民聊天，很快，他又在这里结识了许多新朋友，其中一个叫雷诺。

雷诺是铁匠出身，有时加缪请他来家里干一些杂活，他跟加缪聊起了卢马兰村的往事，对此，加缪非常感兴趣。村民们很快就知道村里搬来了一位大师。当修车铺老板称加缪为"大师"时，加缪一脸不高兴，并请他不要这么叫。

于是修车铺老板又问他什么时候进法兰西学院，加缪请他别提这种事，他说，他最讨厌那些只说话不干活的人。

在卢马兰村，也有其他一些诗人和小说家隐居在这里，但村民们觉得和加缪相比，他们显得有些高傲，并且始终难以接近。

虽然加缪雇了一个女佣为他做饭，但他更喜欢去村里的奥利耶饭馆吃饭。这是一个历史非常悠久的饭馆，一个世纪以来，主人都没有换过，里面的陈设非常简朴，结实耐用的桌椅，普通的方格子台布。

饭馆的大厅还挂了一些出名画家的作品，大厅的右侧是一些私人的小厅，加缪常常避开大厅的顾客，自己在小厅里独自吃饭。然而，爽直的奥利耶太太在大厅那边，就兴冲冲地对厨房大声吆喝："加缪先生牛排一份。"

所以，加缪想在这个村子里隐姓埋名，几乎是不可能的。他的花匠克雷亚，也是个特别的人，他几乎是自学成才，一开始就拒绝服兵役，是一个无政府主义者，在大战期间擅自退伍，他喜欢花花草草，喜欢人与自然和谐共处，加缪还没来这里之前，他已来到卢马兰村，翻修了加缪家附近的一组房屋，并在附近定居下来。

加缪请他修整园子后，他常和加缪做伴，他们一边轻松地聊天一边干活。

当巴黎有客人来时，加缪经常带他们去参观家对面的古堡，他还发现，古堡是一个举办戏剧节的完美场所，可惜不久后，加缪不幸丧生，否则古堡与他的戏剧一定是绝佳的组合。在加缪去世后，卢马兰村有这样一个传说：凡是有恩于卢马兰的人，都躲不了暴死的命运。

住进卢马兰，加缪的主要目的是创作《第一人》，但他的心里总惦记着戏剧，他还打电话给朋友，说他对凯比尔港戏剧节很感兴趣，希望组织一次，上演如莫里哀、高乃依、莫利纳、普希金等大师的作品。

5月30日，加缪匆匆离开了卢马兰，赶回巴黎参加了《群魔》演出后的讨论会。会议结束后，加缪常常喜欢半夜徒步穿越巴黎，卡迪纳尔陪他穿过塞纳河，走在皇家桥上时，加缪说：

"瞧，这就是《堕落》中的桥。"

接着又问卡迪纳尔道："《局外人》和《堕落》您更喜欢哪一部？"

加缪见他一时语塞，又说道："很多人只把我当《局外人》的作者，这让我受不了。"

加缪兴致盎然，接着又说，他觉得自己拍照不上相，因为他有一只耳朵是招风耳，他还告诉卡迪纳尔他准备去动手术处理一下。

卡迪纳尔发现，加缪经常流露出离开文学界的想法，他想把戏剧当成自己的职业生涯，他想专心在戏剧方面干几年。卡迪纳尔还注意到，在加缪的心中，仿佛绷着一根很紧的弦，因为他发现，加缪在自己的家里，也是正襟危坐，神情也很严肃，他极少放松地、舒舒服服地靠在椅背上。

最近，加缪说话的语气，也变得怪怪的，妻子发现他说话的口气非常硬，经常咄咄逼人，不给人留下任何商量的余地。

8月，加缪在卢马兰村奋力写《第一人》。9月他又返回巴黎，因为《群魔》的演员有变动，他需要重新指导排演。10月30日，《群魔》在洛桑上演，加缪陪米歇尔夫妇一起去看。从洛桑回到巴黎，加缪就开始为在卢马兰长住作准备。

11月7日，加缪和朋友卡特琳娜在巴黎一家小酒店吃饭，庆祝他人生的最后一个生日。

生日过后，加缪还在巴黎逗留了几天，为了看11月12日在枫丹白露上演的《群魔》。一切事情结束后，加缪便开始打点行装回卢马兰村。

4. 车祸

> 这生命散发着火热的石头的气味，充满了大海和刚刚开始鸣叫的蝉的叹息。

> ——加缪

这是加缪生前最后一次离开巴黎，小说家贝尔还清楚地记得，在巴黎最后一次与加缪谈话的情景：

中午，我和加缪出去吃午饭，分手时，我还嘱咐他："路上千万要小心，不要拿道路开玩笑。"加缪听了笑了笑，说道："您放心，我讨厌开快车。而且我也不喜欢自己开车。"说着从口袋里拿出回卢马兰的火车票在我眼前挥了挥……

加缪坐火车安全地回到了卢马兰，命运就在这里划下了分界线。

11月14日，秘书给加缪打来电话，问他何时回巴黎，加缪告诉她，自己也不能确定。因为他打算在卢马兰待8个月，来写他的新作《第一人》。他决定先完成这本小说，再去搞戏剧。虽然计划是这样，但加缪还是时常受到各种琐事的干扰。

很快，他又受到一个戏剧计划的诱惑，布鲁克导演希望加缪出演杜拉斯小说《琴声如诉》的男主角，因为导演发现，男主角的气质与加缪很相近。加缪听了这个计划，马上就动心了。

然而，如果按原计划，8个月内写完《第一人》，那么就不可能抽出一个月来拍电影。假如导演延后一年拍摄，加缪可能会答应出演，他还是想先着手完成《第一人》。于是，他向众人表示了遗憾。

加缪又回到了安心写作的状态，每天除了写作，他还到村里散步，和无政府主义花匠聊天，和村民开轻松的玩笑，上奥利耶饭馆吃饭。

圣诞节马上就要到了，妻子从巴黎带着双胞胎儿女，来到卢马兰与加缪团聚。妻子发现加缪行为举止有些怪异，加缪也承认自己精神有些混乱。

房子的阁楼放着一只大箱子，加缪和儿女玩耍时，心血来潮让女儿躺进箱子，他想看看棺材是什么模样。随即，加缪认真地转过头对妻子说，如果自己死了，想葬在卢马兰。

米歇尔和妻子雅尼娜，趁女儿安娜放假，也安排了外出度假过圣诞节。他们的计划是自驾去戛纳，然后坐"阿亚"艇畅游戛纳海湾。米歇尔建议加缪一家去戛纳与他们会合。但加缪说："为什么你们不来卢马兰度假呢？我们还可以一起过新年。"

结果，米歇尔一家真的来到卢马兰过节。两家人聚在一起，十分热闹，他们还一起结伴在乡间小路上散步，加缪还把村里的铁匠朋友介绍给米歇尔夫妇认识。

欢乐的时光很快过去了，1960年1月2日，弗朗辛和一对双胞胎儿女坐火车回巴黎，加缪和米歇尔夫妇及女儿安娜，准备在1月3日从卢马兰驾车回巴黎。

卢马兰离巴黎755公里，他们计划花两天时间，轻松地开回去。并打算沿途停靠几个以美食出名的地方，享受自驾游的快乐。

第一天，他们走了330公里。晚上他们来到了"美味阉鸡"客栈，店主布朗夫人在这里已经经营了25年，餐馆里座无虚席。布朗夫人一直保留着加缪亲笔签名的住宿卡，因为这是加缪人生中留下的最后笔迹。

1月4日，四人吃过早餐，然后继续赶路。午饭之前，他们又走了300公里。途中闲聊时，米歇尔说他打算办寿险。而加缪表示，自己的肺已经洞穿了，估计办寿险有点难度。米歇尔因为身体不好，常常想到死，他说他已给妻子留下了慷慨的遗嘱。加缪说，一想到如果自己发生什么意外去世，家人要依赖他作品的版税来维持生活，他就感到无比恶心。

　　他们的对话，以半真半假的幽默话语结束，不禁让人感到不寒而栗，因为，厄运马上就要降临了。一路上，他们的车虽然走得不算快，但米歇尔向来以开快车出名。他开的这辆法赛尔维加轿车，是大功率型的，坐在后面的两位女士常常提醒米歇尔减速。

　　加缪本人很不喜欢开快车，一见米歇尔加速就说："哎，伙计，咱们不着急赶路。"

　　中午，四人来到桑斯城的一个饭店吃饭，他们点了当地的一道特色菜：斑皮苹果血肠。另外米歇尔还叫了一瓶佛勒李葡萄酒。

　　午饭过后，他们的汽车从桑斯城出发，穿越一连串的村庄。道路两旁种着大树，是三条车道的公路。

　　过了荣纳桥这个古老的村庄后，他们驾驶到小维尔布勒万，这里的地段和别处一样，景色平平淡淡，远处几幢零星的房子，道路两旁也种满高大的梧桐树。

　　米歇尔正常驾驶，没发现什么异样，坐在副驾驶座的加缪正和米歇尔说着什么。突然，他们发现车子奇怪地打了一个转，然后直冲出道路，猛地撞到一棵梧桐树上。后座的两位女士当场被甩到田野里。

　　警察到达现场后，经过调查，发现是车轮打滑导致的车祸，当时天色灰暗，还下着1月的迷蒙小雨。

　　警察发现，加缪从副驾驶座抛到后车窗，整个脑袋穿过玻璃，颅骨严重碎裂，脖子已经被折断，当场死亡。警察花了整整两个小时，才把加缪的遗体取出来。

　　米歇尔被抛出车外，躺在一摊血泊之中，人还没断气，救护车火速把他送到最近的医院。然而，1月10日，在手术过程中，死于脑出血。

　　当时，雅尼娜就倒在丈夫身边，处于昏迷状态。安娜则一动不动地躺在农田里，满身泥泞。

　　不过，整体来看，两位女士的伤势不是特别严重，但还是被送到了就近的医院。警察经过仔细检查，认为车祸的起因似乎是因为爆胎，或车轴突然断裂。专家们也感到有些困惑，因为在平坦的直道上，发生这种事故是很少见的。

当地一位也叫加缪的医生赶到现场，他认为加缪死于"颅骨破裂、脊柱碎裂及胸腔严重受压。""他的死亡很迅速，没有受到痛苦的折磨。"加缪医生补充道。

一位记者描述加缪死亡的脸："整张脸充满恐惧，眼睛惶恐地睁开，基本上看不到任何外伤，但人已死去。"

几个士兵把加缪的尸体抬到维尔布勒万的市政厅。人们又从泥泞中找回了加缪的黑色公文包。清查遗物后，发现包里有他的护照、日记本、《第一人》的手稿和几本书。

警方确认了身份后，不出片刻，巴黎市政府便接到了通知，文化部的马尔罗拨通助理马约的电话，让他马上奔赴现场。

这几天，弗朗辛联系不上加缪，她曾打电话给加缪的秘书说："我不放心，因为在火车站托运处，我没有找到阿尔贝那个漂亮的行李箱。"

当弗朗辛放学一个人回到住处，发现一些记者聚集在自己家的路口，她感到有些奇怪，那些记者，没有一个敢把实情告诉她。弗朗辛疑惑地穿过那些记者，心里还嘀咕着，丈夫早就应该到家了呀。

加缪的秘书苏珊突然接到一位记者的电话，只听得记者一边抽泣，一边告诉她这个噩耗。记者说，自己刚读到法新社的一则电讯：

注意，请注意，快讯，快讯：

在容纳省桑斯城附近，诺贝尔获奖作家，阿尔贝·加缪遭遇车祸丧生。

苏珊马上给蒙在鼓里的弗朗辛打去电话："您在家里等着我，我不到，千万不要开门。"

"阿尔贝出事了？"弗朗辛茫然地问。

"是的。把门关紧。我马上就到。"

"他还活着？"弗朗辛追问。

一阵沉默过后，对方传来回答："不。"

5. 葬礼

> 刚才，当我想扑向一丛苦艾，让它的芬芳进入我的身体时，我应该不顾一切偏见地意识到，我正在完成一桩真理，这既是太阳的真理，也是我的死亡的真理。

> ——加缪

市议员一直守住加缪的尸体，直到死者的家属及生前好友纷纷赶到，他们才逐渐退下。接到消息赶来的人，越来越多，警察在灵堂的门口设了岗，以免局面失控。直到午夜，弗朗辛才忽然记起家里的孩子，于是又急忙赶回了巴黎。她让妹妹和妹夫，留下来主持局面。

当加缪的老师让·格勒尼埃赶到时，一见到遗体，就不禁失声痛哭，显然情绪非常激动。朋友们发现这里的村民都挤在警察的身后。那些村民既感到悲伤，同时，又觉得是一件骄傲的事情。7年后，维尔布勒万市政厅对面的喷泉中间，建起了一座加缪的浮雕头像。

1月5日，按照加缪的遗愿，市政人员协助弗朗辛把加缪的遗体运回卢马兰。当四个强壮的男子把加缪的橡木灵柩缓缓抬出时，天空正下着毛毛细雨，全部警察都肃穆敬礼。弗朗辛和儿女坐特快火车先回卢马兰，傍晚就到达了。灵车在半夜也抵达了卢马兰。

在加缪发生车祸的当天，阿尔及尔的记者就已收到消息，于是纷纷涌向加缪母亲的住处。终于，加缪的母亲从一位闻讯赶来的朋友口中，得知了这一噩耗。由于过度悲伤，这位老母亲在加缪死后的9个月，也在贝尔库的住所过世了。

当时，法国的广播电台正在闹罢工，但是他们为了悼念加缪，还是同意改播5分钟哀乐。巴黎的各大报纸铺天盖地地报道了这次车祸，纷纷用醒目的头条进行报道。与此同时，世界各地也像炸开了锅一样。

1月5日，《纽约时报》刊登了一篇社论头条，文章是这么开头的：

> 阿尔贝·加缪在一次荒诞的车祸中丧生，他被偶然的厄运，夺去了鲜活的生命，这实在是最悲情的哲学讽刺。我们的时代，接受了加缪"荒谬世界"的哲学观点，经过两次血腥的世界大战，以及受到氢弹的威胁，这一切真正荒谬的行为，使我们能够接受加缪严肃的哲学，并使之存在于每一个普通人的心中。

葬礼定在1月6日举行，那是一个星期三，人们在11点半就聚集到了加缪的住宅。加缪的灵柩停放在思想开放的克雷亚什的住所，克雷亚什与虔诚的天主教徒一起抬灵柩，村里的年轻人，以及和加缪一起玩过的足球队员，都纷纷出来帮忙。

守灵的人有妻子弗朗辛、哥哥吕西安、让·格勒尼埃、勒内·夏尔、罗布莱斯、鲁瓦、贝尔·若索、路易·吉尤。

弗朗辛与吕西安商量后决定，墓碑采用普通的石材，上面只简单地刻上加缪的名字和生卒年月。

灵柩没有按照惯例先抬进教堂，而是直接抬到卢马兰村的小公墓，这个墓地，面向那座高耸的古堡，也能望见加缪的家。由于加缪不信教，两座教堂都不敲丧钟，改由村里的钟楼鸣钟。

加缪下葬的当天，是一个晴朗的冬日。家属、朋友及村民都穿着整洁的衣服，缓慢地列队送葬。从巴黎和周围省市赶来的记者，壮大了送葬的队伍。伽利玛出版社的老板加斯东也赶到了现场。

墓地前面已经介绍过，分新教徒和天主教徒。弗朗辛和亲朋商量后，同意把加缪葬在属天主教的坟地。

弗朗辛第一个把一枝鲜红的玫瑰抛向墓穴的灵柩，接着，其他人也沉默有序地向灵柩抛去玫瑰。

村长德尼·桑布克宣读了一份简短的悼词。悼词说道，虽然加缪来到卢马兰只短短几个月，但这里的村民，已经爱上了这位平易近人的大作家。

最后，村长说道："在这片您热爱的土地上，视您为知己的我的同胞，请安息吧！"

接着村长又发誓，一定会让加缪的墓地，源源不断地充满鲜花。

在墓地花圈的飘带上，人们看到上面写着"文化自由大会"、"匈牙利流亡者敬挽"、"国家人民大剧院"等等。

朋友埃梅里还从加缪酷爱的蒂巴萨带来了一棵苦艾，他要把它种在加缪的墓畔。

加缪生前选了勒内·夏尔为他的遗嘱执行人。秘书想在加缪的办公室寻找这份任命书，然而，当秘书连加缪巴黎住所的私人遗物整理完，都没找到。

加缪家乡阿尔及尔的一帮好朋友，其中有埃梅里、富尔、路易·米凯尔、布朗歇聚集在蒂巴萨，为加缪的纪念碑进行了揭幕仪式。这是一块与人一般高的古老碑石，朋友们在蒂巴萨的废墟中，苦苦寻觅才找到的，上面刻着这样的墓志铭：

在这里，我终于领悟了，人生所谓的光荣，就是无拘无束地爱的权利。

附录

加缪生平

阿尔贝·加缪是法国著名作家。1913年11月7日，加缪生于第一次世界大战前夕阿尔及利亚蒙多维。父亲是欧洲人，母亲是纯正的西班牙血统，加缪从小在北非的贫民窟中长大。第一次世界大战中，他的父亲作为一名士兵，死于战场。长大后的加缪，参加了第二次世界大战中对德国法西斯的抵抗运动。

贫穷与坎坷的人生历练，使加缪深切地体会到世界与人生的荒谬，在他成年后，正处在文学思潮动荡的时代，加缪义无反顾，步入了艺术家和政治家行列。他加入了共产党，后又被开除出党，在1942年，加缪在巴黎开始秘密地加入抵抗运动中，并主编一份地下报纸——《战斗报》。

在这个动荡的战斗时期，加缪一直反对死刑，又秘密私下援助西班牙流放者，正是在这样恶劣的环境下，他写下了毕生的重要作品，如小说《局外人》（1942，成名作，荒诞小说的代表）、《鼠疫》（1947），哲学随笔《西西弗斯的神话》（1942），以及长篇论著《反抗者》（1951）。

加缪一生都热衷于戏剧活动，创办过劳工剧团、队友剧团，他写剧本，自己做导演，还当过演员。在他的创作生涯中，戏剧占了非常重要的地位。他的主要剧本有：《误会》（1944）、《卡利古拉》（1945）、《围困》（1948）、《正义者》（1949）、《修女安魂曲》（1956）、《鬼怪附身的人》（1959）等。并着手写作带有自传性质的小说《第一个人》，未完成，后于1994年出版。

1957年，加缪被授予了诺贝尔文学奖。1960年，加缪在一次荒诞的车祸中不幸身亡，喜爱加缪的文化界人士和读者无不为之惋惜。

获奖辞

　　秉承自由的精神，瑞典皇家科学院把这份殊荣授予我，除了感激之外，更多的是惭愧。就算是一个理智、谦虚的作家，都渴望被大家认可。我也如此。但比起我所做的一切，给予的这份殊荣，是太过沉重了。一个年届四十岁，却仍然满怀人生困惑的人，在创作生涯上，正属于中途，他常常离开他的朋友，独自前行，现在，突然被拦了下来，推至至高的荣誉宝座，而此时，他孤立无援，他怎能不受宠若惊？他要用怎样的心情，来接受这份光芒四溢的荣耀？而就在这时，就在欧洲，有许多出色的作家，甚至是最伟大的作家，依然默默前行，无人问津；就在这时，就在我出生的那个地方，依然有无数的不幸，接连着不幸。

　　这种不安与惶惑，内心矛盾的巨大焦灼，对我来说太熟悉了。命运对我过度垂青，想要回到平和的心境，只有努力做到无愧于自己。既然我从前所做的一切，与你们给予的荣誉不能相称，那么，没有别的办法，只有用我一生中，在最险恶的逆境下，曾支撑过我的信念来应对：对艺术的信念，对作家这一职业的信念。借这次机会，我想怀着万般的感激与友善，敬请各位允许我以最简要的方式，来阐释我的这两种信念。

　　如果没有艺术，我的生命就形如枯木。然而，我从来没有将艺术放在一切之上。假如说，艺术对我不可缺少，那么，是因为艺术并不是自我孤立，而是在与他人建立联系的基础上，让自身本色地活下去。对我来说，艺术不应该是一种独自享受的美味，它应该是一种具有互动效果的行为，我要用它来感动更多的人，向他们提供一种超越苦楚和普通愉悦之上的能量。艺术使得艺术家，不再是自我孤立的，不再是封闭的，而是让艺术家获得最重要的真理。

接下来，我想跟各位谈一下作家的这个角色。一旦选择了作家这个职业，我们肩负重大责任。事实上，作为当今的作家，我认为，不应过多地为制造历史的人服务，而要为承受历史的这一类人服务。如果不是这样，他离真正的艺术是很遥远的。就算世界上，任何一个装备精良的军队，也无法把一个作家，从创作路上的孤独中，成功地解救出来。尤其是，当这个作家与他们的步调一致的时候。相反，一名囚徒的沉默，就足以将作家从精神的流放中瞬间召回，不论这个作家是否身处优裕之境，只要他懂得这种沉默，就会用各种艺术方式，来嘉奖这种可贵的沉默。

在作家的队伍里，没有一个人，能避免这一使命。但在作家一生的境遇中，无论是在苦难中创作，或是在坦途中横溢其才，又抑或在专制的铁牢中，只要他谨守为真理服务的信念，来为自由服务，那么，他就能得到人们情感上的支撑。能够体现作家职业伟大的两条是：一是为真理服务，二是为自由服务。

在过去二十多年的荒唐历史进程中，我和许多同龄人一样，常常感到茫然无助。在时代的动荡不安中，仅仅靠一种精神的情感微弱地支撑着自己，那就是：写作的光荣。写作之所以光荣，是因为它有所承担，它承担的是一种责任。它让我使用自己的办法、凭自己的最大力量，和这个时代所有的人一起，承担起了我们共同的不幸与希望。作为作家，我们需要反映一种灾难时代的生活艺术，与历史进程中死亡的本能做斗争。

也许，每一代人，都认为能在当前重构一个更好的世界。然而，人人都明白，对我们这一代人来说，这几乎是痴人说梦。这就让我们突然意识到，我们肩负的使命，将更加伟大，我们的作用是，防止这个世界突然崩塌。对我们这一代人来说，继承的历史，是臃肿的、溃烂的，在这个疯狂的世界中，混杂着那么多失败的革命、疯狂的技术改革等意识形态。在这样一种历史背景下，政权能轻而易举摧毁今天的一切，然而却并不能说服。这一代人，智者不得不带着清醒的头脑，为自身和周围的一切，努力去修复，哪怕是一点点生存和死亡的尊严。总而言之，我们应该是向他们，献上你们刚赋予我的这份荣耀，事实上，这份荣耀应该属于这些人，我想，你们也会认同的。

由此，回到这个时代现实中的我，回到我的债务与社会局限，回到我的种种艰难的信仰上来。作为这次讲话的最后心声，我感到可以更加坦然地，向各位表达我最真切的感受。对这份厚重的殊荣，我愿意接受，并希望与我一起战斗的人共同分享，他们从未得到过一点奖赏，反而受尽了折磨与不幸。最后，请各位再次接受我发自内心的感激，和公开并且忠诚的承诺。这一古老而忠诚的承诺，是每一位真正的作家，每天必须默默面对的功课。

获奖时代背景

1957年10月17日，瑞典皇家科学院决定授予加缪该年度的诺贝尔文学奖。这一年加缪年仅44岁，是诺贝尔文学奖开设以来第二个年轻获奖者。

阿尔贝·加缪作为法国二战后的精神领袖之一，被誉为年轻一代的良心，在他为数不多的作品中，所蕴含的思想价值和魅力，深刻地影响着一代又一代年轻人。他是法国当代著名的小说家，也是荒诞派戏剧的创始人，同时也是存在主义大师。

就像20年前，杜·伽尔获得诺贝尔文学奖一样，1957年加缪获奖，社会上也引起了强烈的震动。当年杜·伽尔出人意料地打败了自己的老师纪德，而如今，历史又再次上演，加缪把自己敬重的恩师马尔罗一举击败。因此，在发表获奖感言时，加缪首先就对马尔罗表示了由衷的敬佩和赞扬，还称他为整个文学世代的先驱及导师。

角逐这一年诺贝尔文学奖的阵容相当强大，统共有五十多位候选人，在这个庞大的竞争队伍中，法国就占了九个名额，势头非常强劲。

加缪的主要对手有帕斯捷尔纳克，他是一名苏联作家，同时也是一位出色的诗人。另一位强劲对手叫贝克特，他来自爱尔兰，是一名戏剧家兼小说家。当然，加缪的恩师马尔罗，才是最大的对手。马尔罗由法国和瑞典最高的文学团体极力推荐，他的名字成了评委们热烈谈论的焦点。他曾经担任法国政府情报部长和文化部长，在这一年，他还受到了瑞典国王的接见。

加缪顺利获奖，与诺贝尔委员会两位评委的极力推荐分不开，从一开始，比尔格·埃克贝格元帅和赫雅玛尔·吉尔贝格就力挺加缪，他们还专门为加缪写了长达30多页的推荐报告。

1942年，加缪的成名作《局外人》发表时，正是法西斯势力在欧洲猖狂的时刻，小说的发表为在连年战争和垄断资产阶级统治下的人们，带来了一种麻醉和镇静的作用。

1947年，当加缪发表了《鼠疫》之后，就首次被诺贝尔文学奖提名，世界文坛马上就发现了这颗耀眼的明星，瑞典文学院的评委一个接一个地轮番提名他，在1949年、1954年，直到他获奖的这一年。

他因"重要的文学作品，以其明澈的认真态度，阐明了我们这个时代人类的良知问题"，获得了1957的诺贝尔文学奖。

加缪年表

1913年11月7日，生于孟多维（阿尔及利亚）。

1914年10月11日，父亲吕西安阵亡。全家定居阿尔及尔。

1920年5月，成为由国家抚养的战争受害者。

1923年10月，进入由路易·日耳曼（后来加缪把诺贝尔奖答谢词献给了他）任教的二年级中班。

1924年6月，参加阿尔及尔中学入学考试。10月，进六年级A科（法语、拉丁语）就读。

1929年10月，读高中二年级。

1930年通过第一阶段高中会考；10月，进高三班（毕业班），让·格勒尼埃任哲学课教师。12月初，患结核病。

1932年，通过第二阶段高中会考，在一家大学生刊物上发表数篇随笔，并撰写散文诗《直觉》。

1933年，进入大学就读，由勒内·普瓦里耶、让·格勒尼埃任教。

1934年6月10日，娶西蒙娜·伊爱为妻。

1935年，加入共产党，创建劳工剧团。

1936年1月，改编马尔罗的长篇小说《轻蔑的时代》，并由劳工剧团搬上舞台。5月，加缪负责、集体创造的剧本《阿斯图里亚斯起义》由埃德蒙·夏洛出版社出版，后来又由劳工剧团上演。夏季，赴中欧和意大利旅行；与结发妻子分手。

1937年，与他的几位朋友在阿尔及尔创建了一个文化之家。5月10日，《反与正》由夏洛出版社出版。8月，首次游览巴黎；撰写第一部小说《幸福的死亡》（死后出版）；赴法国和意大利旅行；创建队友剧团；被共产党开除出党。11月，受聘于阿尔及尔气象学院

（到1938年9月底）。

1938年，为《海岸线》杂志撰稿，提任埃德蒙·夏洛出版社的文学顾问；创办《阿尔及尔共和报》，与帕斯卡尔·皮亚共事。

1939年5月23日，《婚礼集》出版。9月，创办《共和晚报》，任主编。

1940年，与西蒙娜正式离婚。3月，定居巴黎，在《巴黎晚报》供职；随报社逃难克莱蒙费郎和里昂。12月3日，与弗朗辛·富尔结婚。

1941年，在奥兰居住，动笔撰写《鼠疫》；将《局外人》、《西西弗斯的神话》和《卡里古拉》的手稿交给伽利玛出版社。

1942年6月15日，《局外人》出版。10月16日，《西西弗斯的神话》出版。

1943年，萨特在《南方手册》撰文评论《局外人》。11月，任伽利玛出版社审稿人。

1944年6月，《误会》首场公演，玛莉亚·卡萨雷斯在戏中担任角色。到地下报纸《战斗报》工作；解放后，《战斗报》改为日报。

1945年，民族主义分子起义（塞蒂夫）期间赴阿尔及利亚采写报道。

1946年6月3日，和朋友们把《战斗报》转让给克洛德·布代尔；6月10日，《鼠疫》出版。

1948年10月，《围困》首场公演。

1949年，夏天，赴南美考察；结核病复发。12月《正义者》首场公演。

1951年10月18日，《反抗者》出版。

1952年，与萨特和《现代》杂志进行论战。

1953年6月，参加昂热戏剧艺术节。

1954年，春季，《夏日》出版。11月-12月，去意大利旅行。

1955年，为《快报》周刊（后改为日报）撰稿。

1956年1月22日，呼吁阿尔及利亚休战。5月，《堕落》出版。

9月22日，由福克纳作品改编的《修女安魂曲》首场公演。

1957年，《流放与王国》、《关于死刑的思考》（与凯斯特勒合著）发表。10月，宣布加缪获得诺贝尔文学奖。12月，在斯德哥尔摩领奖。

1959年，《群魔》首场演出；动笔撰写小说《第一人》（没能完成）。

1960年1月4日，车祸身亡。

获奖当年世界大事记

（1957年）

1月10日，麦克米伦接替艾登的英国首相职务。

2月7日，中国与斯里兰卡建交。

2月25日，岸信介就任日本首相。

3月25日，法国、比利时、西德、意大利、卢森堡和荷兰六国签署《罗马条约》，决定成立欧洲经济共同体和欧洲原子能共同体。

4月1日，西德第一次征兵，成立联邦德国军队。

5月15日，英国在太平洋圣诞岛上进行了该国首枚氢弹的试爆。

7月14日，埃及第一届国民议会投票。

7月25日，法国国民议会投票准许突尼斯独立。

8月31日，马来西亚脱离英国殖民统治，宣布独立。

9月4日，美国民权运动：小石城事件。

9月17日，马来西亚成为联合国成员国。

10月17日，加缪获诺贝尔文学奖。

11月21日，毛泽东率中国共产党代表团赴苏联访问。

11月23日，来自64个国家的共产党代表签订《和平宣言》，要求停止军备竞赛与核武器试验。

12月19日，欧洲各国同意在欧洲部署核武器。

12月26日，第一届亚非人民团结大会在埃及首都开罗召开。